La mente oculta

La mente oculta

Leandro Taub

www.edaf.net

MADRID - MÉXICO - BUENOS AIRES - SAN JUAN - SANTIAGO
2013

© 2013. De esta edición, Editorial, EDAF, S. L. U., por acuerdo con Zarana, Agencia Literaria, República Argentina 90, Ático 2.ª, 08912 Badalona (España)
© 2013. Leandro Taub
Diseño de la cubierta: Gerardo Domínguez
Fotografía de cubierta: Tamara Yajia
Fotografía del autor: Matias Rosenberg

EDAF, S. L. U.
Jorge Juan, 68. 28009 Madrid
http://www.edaf.net
edaf@edaf.net

Algaba Ediciones, S.A. de C.V.
Calle 21, Poniente 3223, entre la 33 Sur y la 35 Sur
Colonia Belisario Domínguez
Puebla 72180, México
Teléfono: 52 22 22 11 13 87
edafmexicoclien@yahoo.com.mx

Edaf del Plata, S. A.
Chile, 2222
1227 Buenos Aires (Argentina)
edafdelplata@edaf.net

Edaf Antillas, Inc.
Av. J. T. Piñero, 1594 - Caparra Terrace (00921-1413)
San Juan, Puerto Rico
edafantillas@edaf.net

Edaf Chile, S. A.
Coyancura, 2270, oficina 914. Providencia
Santiago, Chile
edafchile@edaf.net

Primera edición: Septiembre de 2013

ISBN: 978-84-414-3338-0
Depósito legal: M-23326-2013

PRINTED IN SPAIN   IMPRESO EN ESPAÑA
COFÁS

Dedicado a MIMI & JULIO

Índice

Agradecimientos

Gracias a *Alejandro Jodorowsky*, por su amor, su servicio a la humanidad y las palabras que me dio para mi libro.

Un especial agradecimiento a *Fito Páez*, por su amistad, ejemplo y maravillosa influencia filosófica.

Gracias a *Juan Aguado, Ezequiel Aizenberg, Luis Alfaro, Marco Álvarez, Pocho Álvarez, Fernando Barba, Emiliano Barbieri, Henry Barrial, Brian Gomes Bascoy, Niels Bent, Arthur Bizgu, María del Carmen, Sofía Gala Castiglione, Laura Cazares, Belén Chavanne, Rocío Crudo, Edu Arturo y Corazón Akáshico, Vale Durán, Ignacio Etchegoin, Camila Evia, Paula Fazio, Martín Fernandez, Matías Ferrié, Mariano Gold, Yeana Gonzáles, Iván Helman, Ariel Honigman, Pedro Kohn, Lidiya Korotko, Luciano Lasca, Joe Le Mat, Sofía Malamute, Gala Violeta Mansour, Negro Mariani, Brujito Maya, Sofía Medrano, Santiago Merea, Ana Milena Porras Marulanda, Álvaro Mizrahi, Maia Molina Carranza, Diana Mondino, Noe Mourier, Shanda de Nirvana, Alfredo Oliveri, Johanna Orrego, Natalia Oyanedel Issa, Berthnelly Pacheco Sosa, Margarita Páez, Martín Páez, Santiago Pando, Javier Páramo, Paola Casa OM, Mercedes Picco, Martín Prubner, Paula Reyes, Romina Richi, Francisco Roch, Marcos Rodríguez Alcobendas, Fernando Rubio, Carmen Sol, Vera Spinetta, Facu Taub, Mike Timm, Kathleen Truffaut, Lucía Trujillo, Steve Van de Geuchte, Salomé Vorfas, Natalia Yajia, Tamara Yajia y Jazmin Zang*, por estar en mi vida y acompañarme durante la escritura de este libro.

Amigos de vida, gracias a *Guido Adler, Esteban Lubranecki, Ioni Rodgers, Matías Rosenberg*.

Gracias a *Marta Sevilla* por acompañarme y ser mi agente ideal.

Eternos en mí, gracias a *Danna Luz Taub, Jonathan Taub, Emmanuel Taub, Mimi Feld y Julio Taub*.

Presentación

Le pedí a Alejandro una frase para el subtítulo del libro. El texto que me envió merece su propio espacio, su página:

«La mente es lo que es cuando está vacía de palabras. El corazón es lo que es cuando está lleno de amor. Si el corazón no siente, la mente cataloga. Si el corazón se abre al otro, se calla la mente y aparece la compasión.»

Alejandro Jodorowsky

Prólogo: La mente

No somos la mente, sino que la mente es nuestra principal herramienta. Si nuestro *ser esencial* la observa, podrá reconocerla, controlarla y entrenarla. Si nuestro *ser esencial* se identifica con ella, no la podrá observar y no la reconocerá; creerá que es la mente y se dejará llevar por el estado primitivo en que la mente se encuentre.

La mente le da forma a la materia. Nuestra voluntad llevada a cabo a través del pensamiento, la palabra y el acto es el resultado directo del poder mental.

Si educamos la mente, será nuestra gran aliada. Si no lo hacemos, será nuestra gran enemiga.

Con una mente educada podemos elegir objetivos, direcciones y organizar el presente para avanzar en nuestra búsqueda. Con una mente no educada nos dedicamos a escarbar, sospechar, limitarnos, generar estrés y sufrimiento. Es posible vivir con una mente educada. No depende de factores externos, sino del trabajo en el conocimiento de nosotros mismos.

El juego que propongo en este libro es el de creer que no existen las casualidades y que todo sucede por algo. Quizá no haya un accidente aislado, sino que todo funciona como un constante devenir. Si aceptas estas reglas de juego mientras lees este libro, por algo estás con él en las manos y algo tiene para decirte… o quizá eres tú, a través de tu mente, quien filtra lo que recibe para percibir lo que le puede ser útil recibir.

Introducción

UNA VERDAD DISFRAZADA CON INFINITAS MENTIRAS

Todo lo que voy a decir es mentira. Podrán tomarlo como un cuento, podrán tomarlo como fantasías, incluso podrán tomarlo si les resulta útil y descartarlo si no les resulta así. Al escribir, no tengo intención de tener razón; esto no se trata de eso. El trabajo que realizo es el de buscar. Que el innombrable me salve de poder emitir con mi boca efímera alguna verdad. Ni siquiera me considero capaz de pronunciar una verdad. Es entonces que iré por el camino que considero más útil: las mentiras.

Dicho esto, paso a decirles que no hay una ley de lectura en este libro, no se propone una forma establecida o una explicación precisa que deban adaptar. Creo más conveniente que se dejen llevar por su intuición y que se sigan a ustedes mismos; si el corazón les late con más fuerza en alguna parte, si su emoción les indica alguna alteración, si descubren cualquier tipo de afectación dentro de ustedes, entonces vuelvan a repasar lo que acaban de leer. Quizá ahí, indicado por su propio ser, hay algo que les pueda ser útil. Respondan a su curiosidad; es la guía que su profundidad utiliza para indicarles por dónde ir. En el transcurso del trabajo que he realizado con este libro he hecho lo mismo.

El objetivo que tengo al escribir *La mente oculta* es ofrecerles los resultados que he encontrado hasta el momento explorando una de nuestras herramientas más poderosas con la que contamos: nuestra mente. A través de este sendero por la mente ofreceré una posibilidad de análisis sobre sus secretos y vías. La intención es dar algo que pueda ser útil. Si el libro cumple con este objetivo, lo hemos logrado.

Para llegar a ese fin, les propongo que no se aferren a las explicaciones ni a las definiciones. Esta meta no puede lograrse mediante la imposición. Puede que una misma parte les resulte útil a algunos e insignificante a otros. Cada uno lo sabrá, y no solo lo sabrá, sino que también lo sentirá, de acuerdo al momento en el que lea esto, en el lugar donde se encuentre, el estado en el que se halle (físico, sexual, emocional e intelectual), y la experiencia vital que tenga apoyada sobre el corazón en el momento de leer este libro.

No tomen nada de lo que digo como una verdad absoluta, no puede serlo. Es arriesgado, siendo finitos, considerar algo como una verdad infinita. La mente que aún no se ha atrevido a salir de su zona de confort, proponiéndose un entrenamiento, lo suele hacer. Esta mente, al identificarse con algo que le resuena, tomará eso como una verdad absoluta durante el tiempo que dure la identificación. Tiempo después, si logra desvincularse y no se ha entrenado en otros aspectos, podría llegar a sentirse dañada, ultrajada, traicionada por esa pasada lectura, e instalar una decepción en su memoria. Esta mente no solo hará esto con un texto, también podría hacerlo con las relaciones, con el trabajo, con la familia, con las leyes, con los valores, con los gustos y con tantas otras personas, cosas y circunstancias. Definirá algo que le resuena, lo tomará como rígido y lo proyectará hacia la eternidad. Es por esto que les digo, y repito, que no tomen nada de lo que escribo como una verdad absoluta.

Todo lo que digo es finito (si no, no podría decirlo). De las cosas que doy, algunas tienen un peso y densidad que puede hacerles creer que son rígidas, que son así; un hecho. Sin embargo no es así. Ni siquiera estas son así. Todo lo que escribo aquí es *impermanente*. Por tanto, si se atreven a sumergirse en la lectura de este libro, les pido que no respeten ninguna ley y que vayan con cuidado. No tengan cuidado sobre las palabras que digo, sino cuidado sobre ustedes mismos. Siento una gran responsabilidad al plasmar letras sobre papel, escribiendo a ojos receptivos, con riesgo a que alguien las tome rígidamente y las solidifique en su experiencia de vida. Por esto, ¡a andar con atrevimiento y con cuidado! Tomen lo que les sea útil y lo demás, déjenlo. Y lo que asimilen, que no sea permanente; cuando deje de serles útil, también déjenlo ir.

Otro aspecto importante es que ya saben todo lo que leerán. Quizá recuerden algunas cosas, quizá otras no. Sin embargo, lo recuerden o no, ya lo saben. Todo a lo que pueda tener acceso, ustedes también lo tienen. El misterio que existe en su profundidad, que convive con ustedes perteneciendo a un *donde* sin dónde y a un *cuando* sin cuándo (más allá del tiempo y del espacio), puede acceder a todo conocimiento que se haya manifestado. La materia con la que trabajo al escribir es una que oigo, que me llega desde esta misma profundidad que reside en cada uno. Son los *destellos de la creación*, que aparecen en libros antiguos como las llamaradas de la *suprema sabiduría*. Trabajar sobre estos destellos me ha ayudado a descubrir que todo está acá y todo existe. Todo lo que fue, es y será está entre nosotros. Si no está acá, nunca estuvo ni estará. Los pensamientos no dejan de resonar en el universo. Desde el primer pensamiento manifestado en el cosmos, hasta el último, está a nuestra disposición. Estos destellos están sucediendo a nuestro alrededor en todo momento. La telepatía existe y es nuestra real vía de comunicación, la que utilizamos no solo para comunicarnos entre nosotros, sino también para canalizar estos destellos que suceden en torno a nosotros. Funcionamos como antenas de radio. No quiero complicar aún el asunto, esto recién comienza. Sin embargo, creo útil escribirlo, para ya plasmar parte de la hoja de ruta que utilizaré al componer este libro.

Hay un *destello de la creación* que viene desde la esencia, desciende y se encadena a través de determinados mundos para que estemos acá, tomemos un cuerpo y le demos forma. Este destello trae consigo todas las leyes a través de las cuales somos creados. Nosotros estamos hechos con las mismas leyes que hicieron al universo, a través de los *destellos de la creación*. Si nos conocemos a nosotros mismos podremos conocer estos destellos. Conociendo estos, podremos conocer al universo. Es decir que si nos conocemos a nosotros mismos, podremos conocer todo el universo. Todo está aquí, contenido en nosotros. Está todo aquí dentro.

No hay una franquicia en el universo, donde se inscribe a algunos, entre otros profetas, para que cuenten con la capacidad de canalizar estos destellos y tomarlos como propios (el mundo entiende y siente lo que dijo uno de ellos hace miles de años y cree que fue él, cuando lo que este ha hecho no fue sino canalizar un conocimiento disponible para todo lo que existe en el universo). Entonces, no se trata de que algunos sí puedan acceder a esa sabiduría y otros no. Estos destellos circulan por sobre nosotros. Todos pueden canalizarlos. Si uno simplemente ve el destello y no hace nada al respecto, luego lo olvida. Uno puede estar duchándose cuando le llega una respuesta, la siente, pero no hace nada con ella; seguirá y entonces luego la olvidará. Si uno toma el destello, algo comienza a suceder.

Mi trabajo, a lo que me dedico, es atrapar estos destellos. Los canalizo a través de letras, palabras y acciones. Suelo andar con pequeños cuadernos donde anoto todo lo que me llega. A partir de esa información comienzo a organizarlos y se transforman en mis mapas de acción en el mundo. Esto tiene que ver con tomar destellos y entregarlos. A esto me dedico. Por tanto, nada de lo que leerán en este libro es de mi completa autoría. Sería vanidoso de mi parte escribir algo creyendo que yo lo he hecho. Hay una historia detrás de mí y otra por delante. El universo entero me dicta a través de estos destellos. Es así como uno se transforma en un puente, la esencia trabaja a través de quien no se resiste. Y este mismo trabajo es el que garantizará que todo lo que escriba aquí sea mentira. Será así, porque no soy quien dicta el destello. Este no les llegará limpio, a través de mí, sino que es traducido mediante las lenguas con las que fui programado y está siendo pasado por el filtro de las experiencias vitales que fui teniendo en estos años. Es entonces que nada de lo que diga puede ser una verdad absoluta. Como mucho, logrando el objetivo que estoy planteando, mis palabras podrán comportarse como mentiras que les resultan útiles, que oculten una verdad indescriptible que solo puede sentirse y nunca traducirse. Esto también implicará que no tengo la capacidad de hacer algo nuevo, no estoy creando algo al escribir estas líneas.

Cerremos la introducción y pongámonos manos a la obra.

Recuerden: nada de lo que digo es nuevo, todo esto ya lo saben. No tengo la capacidad de crear nada (solo tomar destellos y transmitirlos a través de mi experiencia vital). Aquí vengo a mentirles, todo lo que dije y todo lo que diré es mentira: no asimilen nada como una verdad absoluta (a lo sumo, si les resulta útil lo toman y si no les resulta útil lo dejan, de todas formas son mentiras).

Por último, bienvenidos a *La Mente Oculta*, un libro de fábulas y locuras, para reconocer la mente, controlarla, entrenarla y conocernos a nosotros mismos.

CAPÍTULO 1

Reconocer

MEMORIA DE LA MUERTE

Vamos a comenzar con la primera mentira que les diré en este libro: nos vamos a morir. Yo me moriré, tú te morirás; nosotros nos moriremos, los que conocemos se morirán, los que conocimos se morirán, los que conoceremos se morirán; todos los que han nacido y nacerán morirán. No entremos aún en temas de conciencia, de mente, de emociones; nada que pueda estar más allá del cuerpo. Comencemos desde lo más simple y básico: estamos viviendo a través de un cuerpo que ha nacido, está viviendo y morirá. Es una de las leyes fundamentales de esta manifestación y nadie puede salirse: para poder vivir hay que nacer y morir.

Pero ¿y si no soy solo un cuerpo?

Si no soy solo un cuerpo, sino que estoy viviendo y experimentando la vida a través de este cuerpo (que ha nacido y morirá), entonces cambia todo lo que he escrito antes. Yo no me moriré, tú no te morirás, nosotros no nos moriremos, los que conocimos, los que conocemos y los que conoceremos no se morirán. Ahora lo escribiré así: el cuerpo a través del cual vivo va a morir, el cuerpo a través del cual vives va a morir, el cuerpo a través del cual viven todos los que conocimos, conocemos y conocerás va a morir.

Pero ¿por qué me dices esto?

Porque más de uno vive sin recordarlo. Los cuerpos a través de los que experimentamos esta vida se van a morir. ¿Lo podremos recordar? Lo pregunto porque más de uno se sentirá identificado con lo que está leyendo ahora, pero en unos minutos volverá a olvidarlo. Es útil recordarlo, una y otra vez: tú, yo, todos los que conocimos, conocemos y conoceremos cuentan con un tiempo finito en el cuerpo en el que están viviendo. Y esto de no recordarlo, parece simple, pero se va complicando: no solo no se recuerda que el cuerpo a través del cual se experimenta la vida morirá, sino que también muchos no se recuerdan a sí mismos. Pero ¿quién será uno mismo?

Hace unos meses alguien me preguntó: «¿Cómo hago para olvidarlo?», y le contesté: «Lo olvidas de la misma forma en que olvidaste lo que sentías el pasado 5 de mayo a las 9.25 pm». Si les pregunto qué estaban sintiendo el 7 de octubre de 2011 a las 8.03 pm, ¿lo recuerdan? No tienen idea, no sabrían qué contestarme. Mientras estamos aquí viviendo, no recordamos lo que pasó y menos nos acordamos de nosotros mismos (y si recuerdan algo, está lejos de haber sido lo que sucedió, sino que se acerca más a una afectación traducida sobre una fantasía neurótica y proyectiva en base a una memoria alojada en el subconsciente). Sin embargo, en el momento en que está presente ese sentir, estamos absoluta y completamente identificados con este, a tal punto que creemos que nuestra eternidad será así. Revísense. Verán que cuando están identificados con una emoción, creen que durará para siempre. Proyectan esa emoción para toda su vida. Se identifican con una bronca, un dolor, una envidia, un enamoramiento, un desafío (o «problema» según algunos) y lo proyectan para toda la vida. Están completamente identificados con esa emoción en el momento en que les sucede y, paradójicamente, en el instante siguiente en el que instalan un nuevo pensamiento que se traduce en sentir, se identifican y se olvidan del anterior. También ocurren casos opuestos: el cuerpo ya cambió, pero la mente queda apegada y aferrada a algo que sucedió. Entonces genera una molestia: el cuerpo quiere avanzar, las emociones están queriendo fluir, sin embargo, la mente (descontrolada) está forzando la situación, introduciendo la memoria neurótica para mantener presente aquel sentir que no quiere dejar ir. Justo aquí es donde comienzan los problemas.

Quiero reconectarte con la urgencia del presente, traerte aquí, donde todo está sucediendo. Por tanto, voy a reincidir en algo que dije al comienzo: el cuerpo a través del cual estás experimentando la vida se va a morir. ¿Qué sientes cuando te digo esto? Suena bravo, quizá atormentador, un poco insensato, algo demente, poco cuerdo… o bien suena evidente, obvio, simplista, fácil. Hay muchas definiciones posibles que puedes darle.

Ahora quiero que te alejes de la definición por este tiempo, te olvides de ponerle nombre a las cosas y me leas con atención: el cuerpo a través del cual estás experimentando la vida se va a morir. Hace años que vives fingiendo que no es así, has puesto un velo sobre tus ojos, una especie de capa trasparente que te instala una falsa tranquilidad y que te aleja de ese peso terrible de saber que el cuerpo a través del cual estás experimentando la vida se va a morir. De niño lo sabías. Te levantabas a mitad de la noche gritando, llamando a tu madre y tu padre, pidiendo una respuesta, el vacío inmenso de reconocer la existencia de la muerte te atormentaba; te introducías en esa nada donde todo esto termina, donde no hay más juego, no más aventura, no más crecimiento, no más aprendizaje, no más recreación, no más deseo, no más ideas, no más creación.

Pero mamá, papá, ¿voy a morir?, ¿vais a morir? ¿Todos nosotros vamos a desaparecer?, ¿y mis hermanos y hermanas también? ¿No va a haber nada más?

¿Recuerdan esto? Era un momento tremendo, de vacío. Te dabas cuenta de que estabas viviendo en una película que tenía final y ese final te incluía: ibas a desaparecer en la forma en que estabas. Y aún se agrandaba el impacto: reconocías que no solo el cuerpo a través del cual tú experimentas la vida se moriría, sino que también el de tu padre y el tu madre, el de tus hermanos y hermanas, el de tus abuelos y abuelas, el de tus amigos y amigas, el de tus colegas, y por qué no también el de tus hijos e hijas.

Lo sabes, pero no lo sabes. Lo sabes, pero vives como si no lo supieras. Lo sabes, pero no lo recuerdas. Lo sabes, pero lo ignoras. Lo sabes, pero no prestas demasiada atención a ello. Lo sabes, pero te estás mintiendo. Entonces, al poner un velo sobre la muerte, vives como si la eternidad pudiera resolver lo que tú no resuelves. Por ejemplo, te permites hacer cosas que no te gustan, por un anhelo a futuro, creyendo que la vida es eterna y que en algún momento cambiarás de actividad. Por ejemplo, te permites estar con personas que no te hacen bien, por un anhelo a futuro, creyendo que luego se acomodará la situación. Por ejemplo, te permites no perseguir tus sueños, creyendo que en algún momento futuro llegará tu posibilidad por arte de magia. Por ejemplo, te permites vivir una vida que no es tuya, porque te crees víctima de un mandato divino, porque crees que no puedes realizar tus sueños, porque, si lo crees, no sabes cómo y te pierdes en la desesperación y el sufrimiento. Viviendo como si la eternidad resolviera lo que tú no resuelves, permites todo esto.

Pero ¿qué sucedió? En algún momento te olvidaste de esto. Quizá lo recuerdas durante un tiempo, cuando alguien con quien tienes una relación emocional muere. Entonces lo recuerdas y, luego, lo vuelves a olvidar. Ese velo que has puesto para separarte de la muerte también te separa de una parte de ti. ¿Cuántas veces recuerdas la existencia de la muerte al día?, ¿a la semana?, ¿al mes?, ¿al año? Paradójicamente, no podrías vivir si no existiese la muerte. Al vivir sin recordarla, te olvidas de la urgencia, la vida pierde ese vértigo tan pesado de lo efímero, de lo finito. El recuerdo de que lo que tenemos es tiempo, y solo por un rato, porque se nos va. Hay un cronómetro que está corriendo hacia atrás y va a finalizar.

Si lo recuerdan, si ponen presente ese vacío existencial, podrá la vida tomar un nivel de urgencia más poderoso del usual; uno que les haga no hacer nunca más algo que no quieren; nunca más una relación que no les haga bien, nunca más un trabajo que no disfruten, nunca más en un estudio que no sea guiado por su curiosidad, nunca más decir algo que no los represente, nunca más una actividad que no sea a través del placer y pleno disfrute, nunca más algo que no quieran, nunca más un segundo utilizado en lo que no elijan con todo su ser. Oigan la llamada de la muerte. Puede suceder hoy, mañana, en dos días, en un año, en cien años; es inminente e impredecible.

El cuerpo a través del cual estás experimentando la vida se va a morir. Siéntelo. No te lo digo para desesperarte, tampoco para que sufras. Te lo digo para traerte al presente. Siéntelo para volver a tu presente, para saber que la vida es larga, y no tanto. Siéntelo para darle un útil uso a tu vida, para abandonar lo inútil, para vivir. Eres digno, te lo mereces, si lo quieres, puedes; es posible y depende de ti.

No puedes evitar a la muerte, lo que sí puedes hacer es elegir qué hacer mientras vives aquí. Puedes decidir cómo y cuánto vives. Puedes influenciar la salud física, sexual, emocional y mental que tendrás mientras estés aquí. La longevidad de la vida que experimentas depende de ti. Y tu evolución depende de tu trabajo contigo.

Si la vida que experimentas tiene una fecha de finalización, ¿quieres desperdiciar tiempo de tu vida? Te han obsequiado un tiempo finito para disfrutarlo aquí, para hacer un trabajo, para descubrirte, para ponerte objetivos y lograrlos. Pregúntate, ¿qué tan útil puede ser desperdiciar un presente pleno por un futuro incierto? Lo digo porque muchos viven en ese nivel, sacrifican gran parte de su vida para tener una tumba materialmente próspera. Ten presente ese nivel de emergencia; eso que te obliga a venir acá, al presente. Es muy poderoso. Y dejando de olvidarte de la muerte, quizá dejes de olvidarte de ti mismo.

Si no sabemos lo que viene después de la muerte es por algo. Vivimos y experimentamos la vida a través de un cuerpo que funciona como un proceso en permanente cambio, desde el momento en que nace hasta el momento en que muere. No sabemos (o no recordamos) lo que viene antes de la vida, ni lo que llega después. La antítesis de la muerte no es la vida, sino el nacimiento. Ambos trabajan como puentes. El nacimiento como un puente de lo desconocido hacia la vida. La muerte como un puente de la vida hacia lo desconocido. Lo que hay en el medio es lo que vivimos.

EL SILENCIO DEL SABIO

La humildad es la primera y fundamental cualidad de la sabiduría. El sabio es quien está en constante proceso de aprendizaje. Pueden descubrirlo en una charla; no es quien está exponiendo algo, sino el silencioso, el que oye y aprende, el que escucha lo que está sucediendo. Sin humildad no hay entrada posible. La humildad es lo que te permite oír. Quien está entretenido hablando, exponiendo algo, durante ese momento, no está dándose el espacio para que ingrese lo nuevo. Quien está escuchando en silencio abre las posibilidades y su capacidad de absorción.

Este libro que lees no es un libro; son tantos libros como lecturas se le realicen. Cada uno que lo lea, lo hará de una forma distinta, lo tomará de acuerdo a su experiencia vital y a lo que su cuerpo mental le permita absorber. Es así porque la mente realiza el filtro; de acuerdo a cómo resuene con cada parte de la lectura, proyectará lo que el *ser esencial* necesita ver para cada instante. Siendo así, lo que lee cada uno es lo que cada uno quiere y debe leer. Y no solo eso; si la misma persona lee el libro más de una vez, descubrirá que no es el mismo libro el que está leyendo. Porque ha cambiado el estado del proceso, el cuerpo ya está distinto, la mente está distinta, las emociones y la sexualidad han cambiado y la experiencia del *ser esencial* por esta encarnación también ha mutado. Si se encuentran dos personas que han leído el mismo libro, podrán simular que se ponen de acuerdo sobre partes que hayan leído, pueden fingir que coinciden en algunas cosas; sin embargo no es así. Cada uno leyó un libro completamente distinto, cada uno experimentó lo que debía experimentar con lo leído.

La verdad es una, la esencia es la misma, el absoluto del que provenimos está en todo espacio y en todo tiempo. Podemos tomar los *destellos de lu creación*, captar algunas respuestas de esta *sabiduría suprema* que nos atraviesa a todos, y la captación de esa será la misma para todos. Sin embargo, luego, al bajarla, al pasarla por el filtro mental para organizarla y darle forma, sea a través del medio que sea, la estamos pervirtiendo, le estamos dando el tinte de la experiencia vital que ha vivido nuestro *ser esencial* en este mundo. Entonces deja de ser verdad, y pasa a ser una de las infinitas interpretaciones que se le puede dar a algo, sin coincidir necesariamente entre lo que unos y otros digan que es.

Quien no ha trabajado en entrenar su mente, quien no le ha dado espacio aún, creerá que la interpretación que le ha otorgado a la verdad es la de todos, que su visión es la de todos; y proyectará su experiencia como la mismísima verdad. Quien no ha trabajado en entrenar su mente no descubrirá la humildad del sabio; evitando el silencio, buscará exponer su punto de vista, su opinión, su hablar; intentará demostrar algo y asegurarse de que todo el mundo le dé la razón. Va a interrumpir al otro para exponer que lo sabe, aferrándose a ese pequeño conocimiento pasado que ha adquirido y no se ofrecerá la capacidad de descubrir algo nuevo, de incorporar un nuevo conocimiento.

Quien trabaja en entrenar su mente va descubriendo los grandes beneficios del silencio y de escuchar, de aprender de todos constantemente. Quien trabaja en entrenar su mente puede llegar a preguntarse antes de hablar: ¿es útil o inútil esto que quiero decir?, ¿le aporta algo a alguien?, ¿ofrece ayuda?, ¿da algo?, ¿o es simplemente una vanidad exteriorizada? Quien trabaja en entrenar su mente va a medir lo que piensa, lo que dice y lo que hace, y va a oír todo lo que pueda, anulando los conocimientos pasados experimentados y así darse el espacio suficiente para la entrada de lo nuevo; y una vez adquirido el conocimiento nuevo, lo anulará de nuevo, para que entre otro nuevo, y así sucesivamente.

CON LA MENTE Y EL CORAZÓN

Lo que podemos ver lo captamos a través de la mente, y lo que sentimos y experimentamos puede ser así cuando lo pasamos a través del corazón. Del diálogo entre ambos depende nuestro avance y evolución.

Una cosa es entender algo y otra cosa es sentirlo. Cuando pensamos, podemos entender. Cuando sentimos, podemos ser. Cuando pensamos, podemos entender para qué hacer lo que hacer. Cuando sentimos, podemos ser capaces de hacer. Quien entiende pero no siente, sabe qué hacer, pero no lo puede hacer. Quien siente pero no entiende puede hacer , pero no sabe para qué. Es por eso que el trabajo a realizar es doble, desde la mente —nuestra herramienta fundamental y más poderosa que guía nuestra experiencia a través de la vida— para seguir por el corazón —que siente y tiene la capacidad de llevar el conocimiento intelectual a la carne, que hace que lo pensado sea vivido y determina lo que hacemos y lo que no—.

No es lo mismo creerlo que saberlo. Cuando lo creemos está solo en el pensamiento, en una actividad intelectual. Cuando lo conocemos, ya lo pasamos por el sentir. Una vez que lo entendemos y lo conocemos podemos saberlo. Y una vez que lo sabemos ya no es más necesario creerlo, ahora lo conocemos.

La que hace que la mente pase al corazón es la atención. Cuando estamos atentos, la mente focaliza en el objeto de la atención, y apoya la idea sobre el corazón. Entonces, el cuerpo emocional apuntará hacia ahí, siguiendo a la mente, absorberá la idea y comenzará a sentir. Una vez que el cuerpo mental y el cuerpo emocional se encuentran en el objeto de observación, comienza el aprendizaje.

LOS CUATRO CENTROS

Los arcanos menores del tarot pueden separarse en cuatro palos. Estos cuatro palos corresponden a los cuatro extremos de la cruz que compone al ser humano. En el hemisferio cielo masculino, la espada. En el hemisferio cielo femenino, las copas. En el hemisferio tierra masculino, los bastos. En el hemisferio tierra femenino, los oros. Las espadas corresponden al águila, un animal carnívoro, esencialmente activo, que actúa desde el plano cielo y representa al elemento aire. Las copas corresponden al ángel, un ser vegetariano, esencialmente pasivo, que recibe desde el plano cielo y representa al elemento agua. Los bastos corresponden al león, un animal carnívoro, esencialmente activo, que actúa desde el plano tierra y representa al elemento fuego. Los oros corresponden al buey, un animal vegetariano, esencialmente pasivo, que recibe desde el plano tierra y representa al elemento tierra.

El centro asociado a las espadas es el intelecto, que, como la espada debe ser forjada, templada y afilada para convertirse en una excelente espada; el intelecto debe ser reconocido, trabajado y entrenado para convertirse en una gran herramienta. El centro asociado a las copas es el corazón, que, como estas reciben, acumulan y entregan líquidos, pudiendo ser decoradas en su labor; el corazón recibe, acumula y entrega emociones, pudiendo ser trabajada en su don de amar. El centro asociado a los bastos es el sexo, que como estos brotan y crecen naturalmente desde la tierra, funcionando instintivamente y asociados al reino animal; la sexualidad brota y crece naturalmente desde el deseo, funciona a través de la parte más primitiva e instintiva del ser y se encuentra vinculada a su animalidad. El centro asociado a los oros es el cuerpo, que, como el oro es tomado de la tierra, acuñado, trabajado y finalmente devuelto a la tierra; el cuerpo del polvo viene y al polvo va. Lo recibimos de la madre tierra, lo formamos, le damos salud, y finalmente vuelve a la madre tierra.

El intelecto pertenece al plano cielo; es esencialmente activo; está representado por el elemento aire, las espadas y el águila; su universo es el de los pensamientos y debe ser forjado, templado y afilado para convertirse en un gran intelecto. El corazón pertenece al plano cielo; es esencialmente receptivo; está representado por el elemento agua, las copas y el ángel; su universo es el de las emociones y su labor es el de recibir, acumular y entregar emociones. En este recibimiento y entrega debe fluir para no perecer. El sexo pertenece al plano tierra; es esencialmente activo; está representado por el elemento fuego, los bastos y el león; su universo es el de los deseos y trabaja a través de lo más instintivo y primitivo. Para lograr su realización, el deseo debe ser concentrado. El cuerpo pertenece al plano tierra; es esencialmente receptivo; está representado por el elemento tierra, los oros y el buey; su universo es el de las necesidades y es recibido de la tierra. Se trabaja ofreciéndole salud a través de la respiración, la alimentación, el movimiento, el sueño y los pensamientos, y su destino es inevitablemente volver a la tierra.

Hay una inteligencia presente en cada uno de estos cuatro centros: la inteligencia intelectual, la inteligencia emocional, la inteligencia sexual y la inteligencia física o mecánica. Cada una puede ser entrenada por la mente y afectada por las otras, por lo que para su correcto funcionamiento debe trabajar independientemente de estas. La intervención de una sobre otra sucede para complementar, corregir o alterar. Una vez programada cada inteligencia trabaja muy bien por sí sola. Sin embargo, todas forman parte del ser esencial, son conducidas por el *sí mismo*, y deben ir cambiando y desarrollándose constantemente para evolucionar en la manifestación y no transformarse en obstáculos. A cada instante las cuatro inteligencias están trabajando simultáneamente, cada una haciendo lo que debe hacer para el funcionamiento de todo el vehículo que nos compone. Vendrían a ser nuestras cuatro ruedas; pueden apuntar todas hacia el mismo lugar y el vehículo avanza correctamente, como pueden apuntar cada una hacia una dirección distinta y este no avanzará. El movimiento de una afecta a las otras, es independiente en su capacidad de funcionar y dependiente en su constante interacción e influencia con las otras inteligencias.

Siéntense y pongan las manos debajo de los glúteos, cosa que estén agarradas y no puedan mover los dedos. Cierren los ojos e imaginen al teclado de una computadora y sus manos frente a este. Ahora intenten escribir una frase en el teclado imaginario. Vean cuánto tiempo tardan en escribir la frase. O súbanse al automóvil que manejan y en vez de hacerlo automáticamente, prueben a colocar los pensamientos y decidir intelectualmente cuándo apretar el embrague, cuándo el freno, cuándo mirar por el espejo retrovisor, etc. O intenten hablar emitiendo cada palabra mientras prestan atención a cada una de las letras y cómo las dicen. O lean este texto no de forma automática, sino prestando atención a cada una de las palabras, leyéndolas completamente. En todos los casos sucede lo mismo: un enlentecimiento. Si quieren escribir en un teclado colocando su intelecto en este, se enlentece el proceso de escritura. Si quieren manejar su automóvil colocando su intelecto en las decisiones, se enlentece su capacidad de reacción y manejan brutalmente. Esto sucede porque están incorporando a otra inteligencia —la intelectual— para hacer el trabajo de una que ya se programó para hacerlo y sabe cómo hacerlo —en este caso, la física—. Si programan la inteligencia física, por sí sola va a saber cómo funcionar, automáticamente, frente a las situaciones que requieren su programa. Observen cómo lo hacen a diario. Tienen el programa de caminar (si les quitaran el programa, no podrían mantener el equilibrio ni caminar), tienen el programa de hablar y leer (si les quitaran el programa, no podrían hablar o leer), tienen el programa de escribir en un teclado, de manejar un automóvil o de tocar un piano. Estos son algunos ejemplos de las numerosas programaciones que se ha incorporado a la inteligencia física para que actúe. Por sí sola trabaja muy bien ejecutando el programa. Cuando se la interviene con alguna de las otras inteligencias, se la estorba y el programa físico no funciona correctamente. Sin embargo, el programa físico comenzó por el intelecto. El intelecto programó el cuerpo al comienzo, fue quien dio la orden de comenzar una práctica y luego de la repetición por determinado tiempo, la inteligencia física logró absorber el nuevo conocimiento y llevarlo a su programación. Es entonces que la intervención del intelecto fue útil para programar. Luego dejó funcionar a la inteligencia física por sí misma. Si se quiere incorporar un nuevo programa, será necesaria nuevamente la intervención de alguna otra inteligencia; por ejemplo, si se quiere incorporar un nuevo idioma a los lenguajes ya asimilados. En el caso que se quiera corregir algo de uno de los programas, por ejemplo, se quiere mejorar uno de los idiomas ya agregados, entonces sí interviene nuevamente otra de las inteligencias; la mente investiga más sobre la nueva lengua y se envía la orden de practicar, llevando a cabo un ejercicio diario de las nuevas palabras, la gramática, la pronunciación y el estilo de aquella lengua, haciendo que ingrese en el programa físico esta mejora. La inteligencia física se programa y se mejora a través de la práctica. Un gran músico, un gran pintor, un gran deportista, un gran obrero, un gran piloto, un gran mecánico, un gran electricista; los niveles de excelencias descubiertos en alguna actividad física fueron logrados a través de la práctica, programando la inteligencia física y mejorándola continuamente.

Prueben realizar un acto sexual pensando dónde colocan cada brazo, cómo acomodan su cadera, el tono del gemino, qué dicen y qué no, cómo agarran, la presión con la que sostienen, etc. Lo que sucederá es que no pueden llegar al clímax. Prueben crear un cuento pensando de qué se tratará y planeando cómo escribirán cada frase. Lo que sucederá es que no pueden crear el cuento. La inteligencia sexual tiene que ver con la parte más instintiva, primitiva y natural de nuestro ser. Esta inteligencia no se planea ni se interviene; si quieren pensarla y planearla, nada sucede. Para que la inteligencia sexual llegue al clímax en el acto sexual o realice en plena libertad y creatividad el acto creativo, debe permitirse que actúe por sí misma. La inteligencia sexual, al actuar por sí misma, está trabajando desde la naturaleza más primitiva, donde no se planea ni se piensa, sino que se es y se siente. Si el intelecto se silencia y no analiza, si el programa físico no actúa sino que es, el cuerpo estará presente y será capaz de sentir. Al sentir, el acto creativo sexual surge espontáneamente. Al sentir, la inteligencia sexual trabajará eficientemente. Si se concentra el deseo (colocando el foco de atención en lo que se está haciendo, presente en la situación), la inteligencia sexual llegará al clímax y será capaz de crear. Lo que tiene que trabajar aquí es el lado instintivo y primitivo, nuestra animalidad, nuestra fuerza sexual y creativa. El intelecto no puede reemplazar al deseo. Si establecen otro centro, no podrán estar ahí para realizar al deseo. El intelecto puede decidir dónde concentramos nuestro deseo, a dónde colocamos el foco de nuestra atención, luego se necesita una plena presencia para que el centro sexual trabaje por sí mismo.

Prueben analizar una relación amorosa con el intelecto, qué dan, qué reciben, cómo lo dan, cómo lo reciben, cómo se hablan, qué dicen, cuándo lo dicen, qué sienten, cómo lo sienten, etc. Descubrirán que pueden esbozar grandes teorías sobre la relación emocional, pueden aprender mucho sobre sus emociones, sin embargo no pueden compartir, abrirse a la emoción compartida y al intercambio amoroso. La inteligencia emocional trabaja por sí misma y al ser intervenida por otro de los centros es interrumpida y no sabe cómo actuar, se entromete en enigmas y dilemas emocionales, se traba y no experimenta. Si se la deja trabajar por sí misma, la inteligencia emocional compartirá por su naturaleza y don de dar, se abrirá a relacionarse y será intuitiva en su comportamiento. Actuará por la emoción y no por el análisis. En el caso que surja la repetición de una emoción o un bloqueo emocional, entonces sí será útil la intervención de otra de las inteligencias para desbloquear o revisar el motivo de la repetición. Si hay algo que está aturdiendo en el centro emocional y el corazón no está ofreciéndose con libertad, puede que exista una idea restrictiva alojada en el subconsciente; el intelecto actúa sin que le prestemos atención, y quizá no le esté permitiendo al corazón realizar su don en acción, dar y compartir con humildad y libertad. La vida emocional no pasa por el razonamiento, ni por la lógica, ni por el sexo y ni por el cuerpo; pasa por sí misma. La vida emocional vive en plenitud si no se reprimen las emociones y se permite que fluyan con su naturaleza, que se expandan y contraigan, que se llene la copa y que se dé para beber, una y otra vez, en un constante don de compartir. Las relaciones emocionales funcionan como un intercambio, como el corazón mismo. El latir del corazón es doble, al latir da y recibe sangre. El centro emocional sano y en plenitud de funcionamiento es doble: al latir da y recibe. Desde lo emocional, comparte.

El centro intelectual es el capitán del barco: tiene mayor influencia sobre los otros centros, tiene la capacidad de entrenarlos, alterarlos, cambiar sus focos de atención o permitirlos ser. Este centro puede estar en silencio, receptivo o activo. A su vez, al estar receptivo o activo, puede hacerlo positiva, negativa o neutralmente. De acuerdo al modo de accionar en el que se encuentre y donde se coloque el foco de atención, los otros centros lo seguirán. Si alguno de los otros centros no está funcionando con libertad, el centro intelectual es el que puede intervenir para ayudar.

Todas las inteligencias deben estar circulando para que la salud del ser sea plena. Si son bloqueadas, lo están siendo porque a nivel mental se decidió que así sea; se está efectuando algún pensamiento, palabra o accionar físico contra ese centro, se depositó una idea que lo está restringiendo, o se desarrolló un bloqueo astral que no lo permite ser.

La mente es maravillosa para llevarnos a donde queramos ir. La mente es fabulosa para definir objetivos, direcciones y organizar. También funciona muy bien para entrar en otro de los centros y entrenarlo, o desbloquearlo. Sin embargo, una mente descontrolada es capaz de bloquear los centros, aturdirlos, modificarlos, no permitirles su libre circulación, su experimentar y su pleno vivir.

Hay una inteligencia física que trabaja muy bien. Si le interponemos la inteligencia intelectual va a enlentecerla. Si la programamos, luego trabaja muy bien por sí misma. Será útil involucrar al intelecto para reprogramarla, mejorarla y luego soltarla para dejarla ser por sí misma. Hay una inteligencia sexual que tiene su inteligencia y sabe muy bien hacer su trabajo, que funciona desde lo instintivo. Si la interrumpimos y le añadimos al intelecto, se enturbia. Si la dejamos ser, trabaja muy bien. Hay una inteligencia emocional que funciona muy bien por sí misma, que actúa desde lo emocional y naturalmente comparte y se abre a vivir. Si incluimos la inteligencia intelectual ahí, va a arruinar las cosas.

Hay varias inteligencias que están trabajando a la vez en el cuerpo. Lo mejor que podemos hacer con cada una es dejarla ser. Que cada parte haga su trabajo. Es útil involucrarlas y mezclarlas para educar, desbloquear y apaciguar; es útil cuando hay algo que está enviciado o en un extremo: si el corazón te lleva a excesos emocionales de celos, de apegos, de envidias, la inteligencia será útil ahí, porque puede reeducar a las emociones, educar al corazón. Si el cuerpo no entiende cómo manejar un auto, no se trata de lanzarse, sino de llamar a la mente para educar al cuerpo: encender el motor, luego el cambio, el embrague, el freno... Se deberá educar con la mente al cuerpo hasta que funcione por sí mismo y entonces la mente se retirará y dejará al cuerpo ser y actuar por sí mismo. Igualmente con el sexo y la creatividad. Entonces, es bueno mezclar los centros cuando es necesario para educar o desbloquear, y cuando no, dejarlos ser. Cada centro posee su propia programación, su propia inteligencia y situación de plenitud. Funcionan muy bien por sí solos. Si se quiere reemplazar uno por el otro, se generan problemas. Es útil que la mente intervenga cuando hay algo que asistir: que ayude a desbloquear, si hay algo bloqueado, que ayude educar, si hay algo para ejercitar. No es útil si lo que se pretende es reemplazar.

Entonces, comencé por la mente, el punto de partida. Es la última frontera entre la separación y la unidad, entre nuestros personajes y nuestro *ser esencial*, entre el alma encarnada y el alma divina, entre la manifestación y lo no manifestado. Se comienza por la percepción que realice la mente. Los centros se entrenan desde la mente y la mente silenciada les permite ser. Los centros se bloquean por la mente y la mente, accionando, los afecta. Los centros se desbloquean por la mente y la mente que se entrena los mejora.

PERFECTA ASIMETRÍA

Algunos tienen una imagen rígida y estática de lo perfecto, incambiable por estar en su punto máximo de expresión. No es posible en la vida algo rígido, algo permanente, porque la vida misma pasa; la manifestación es como un proceso *impermanente*, en constante transformación.

Pero hay otra perfección: una dinámica, conectada a lo sagrado de nuestro paso por esta manifestación. Un corazón perfecto no es uno duro, sino uno lleno de amor en una disposición de constante dar. Una mente que llega a un nivel de perfección es una que utiliza la concentración y vuelve a un estado mental de anihilación, estado meditativo. Una sexualidad trabajando a niveles de perfección es aquella que concentra sus deseos en una misma dirección, para canalizarlos, realizarlos e invadir el espacio con su acto. Un cuerpo trabajando a nivel de perfección es uno que no se reprime en ningún campo y está en un pleno fluir, permitiéndose ocupar todos los ambientes, ensancharse, sin reprimir su flujo. Estos tipos de perfección no son algo estático, sino niveles de excelencia que se siguen transformando.

Quien cae en la persecución del perfeccionismo, intenta llegar a un punto imposible, porque siempre se puede mejorar. Intenta solidificar algo que no se puede solidificar. Intenta llegar a un nivel de perfección que no se puede alcanzar de forma manifiesta. Quien reconoce la naturaleza cambiante de las cosas puede apuntar a niveles de excelencia y permitirse seguir avanzando.

La mente que se va entrenando trabaja para llegar a la excelencia, sabiendo que en un momento debe cerrar y renunciar, porque no puede llegar a una perfección absoluta mientras todo lo que haga cambie. Sabe que el castillo que construye se destruirá, que nada de lo que hace permanecerá.

Venimos al mundo imperfectos, y de forma asimétrica: tenemos un ojo más grande que el otro, un pecho más grande que el otro, un testículo más caído que el otro, una mano más grande que la otra, todo asimétrico. Porque estamos manifestados, dinámicamente, la vida, tan bonita e inteligente, no nos hizo simétricos. Si fuésemos simétricos, no podríamos avanzar. Quizá en ese caso sí podríamos ser perfectos. Al ser imperfectos, somos asimétricos y se vuelve posible hacer la vida dinámica.

Nosotros somos asimétricos, la vida es asimétrica, y esto es lo que permite que pasemos de estabilidad en inestabilidad, lo que permite que avancemos. Si no hay inestabilidad, no avanzamos. No podríamos vivir. No podría haber tiempo. Para que exista el tiempo, es necesaria esta asimetría; si no, no se puede extender la unidad, queda todo comprimido en una sola cosa —nuestra raíz más cercana—. Y ahí no hay tiempo. El tiempo surge recién con el dos (dinámico, imperfecto, polaridades,). Y no puede haber espacio porque este recién surge con el tres (creación, manutención, destrucción, las tres reglas necesarias para que algo se manifieste). Y aun así no puede existir el hombre, porque para que nazca es necesario el cuatro (el surgimiento del tao, de la fuerza impersonal, lo neutral, lo que hay luego del *ser*, *no ser* y el resultado de ese ser). Uno: esencia; dos: tiempo; tres: espacio y naturaleza manifestada a nivel salvaje; cuatro: surge el hombre, el encuentro de los cuatro elementos. Con el cinco, el hombre va más allá de sí mismo, es la crisis que lo saca de la estabilidad para comenzar su recorrido astral.

CH-CH-CH-CH-CHANGES

Todo cambia, todo pasa, nada permanece, todo se transforma. Una regla implícita de la manifestación es que está en constante movimiento y en permanente avance. Todo lo que se manifiesta, todo lo que aparece en este mundo, desde las células más pequeñas hasta las galaxias más enormes, todo cumple los ciclos de nacimiento, crecimiento, transformación, decrecimiento y muerte. No hay algo que pueda estar rígido. No hay algo que pueda estar constante. Si vino a este universo, es que nació, y si nació, es que morirá. Si vino a este universo, es que avanzará de transformación en transformación, como un constante proceso que no se detiene. Así los planetas, así los árboles, así las construcciones, así las estrellas, así los seres humanos, así las emociones, así los pensamientos, así todo lo que puede haber. Desconocemos nuestra verdadera identidad, no sabemos quiénes somos, si podemos ver a través de lo que vivimos. El cuerpo a través del que vivimos funciona como un constante proceso, todo el tiempo cambiando, de instante en instante. Los hábitos y costumbres con las que nos definimos no son una cosa rígida, funcionan en una perpetua transformación, y si el *ser esencial* está disfrazado de persona sana, este proceso no se detendrá, sino que estará en constante mutación; no se aferrará a los hábitos y costumbres, sino que los irá cambiando de acuerdo a los requisitos de cada situación. Las actividades con las que nos definimos no son algo rígido, vienen y van hacia algo, siempre cambiantes. Todo lo construido con los cuatro elementos, todo lo que pueda estar hecho a nuestro alrededor de tierra, fuego, agua y aire, no nos pertenece, no es permanente: es temporal y efímero, siempre cambiante. Nuestra esencia, nuestro ser esencial, nuestra raíz, lo que nos pertenece, puede estar más allá de esta materia cambiante. Sin embargo, no aparece y no la vemos, no la podemos percibir, es lo que nos motiva sin saber que está ahí, quien nos potencia aunque no la reconozcamos. Todas las construcciones formadas, todas las obras realizadas, son efímeras. Cambian sus tiempos y la velocidad de sus cambios. Todo cambia y todo pasa. Todo lo que se levantó caerá. Todo lo que se construyó se destruirá. Todo cuanto nació morirá.

Tomando consciencia de la naturaleza efímera de las cosas, aparece el beneficio de la contradicción. No hay afirmación que pueda durar mucho tiempo, en algún momento caerá por su propio peso. Todo valor cierto pasará en algún momento a ser incierto. Toda definición tomada dejará de cobrar valor. Lo que rige dejará de regir. Todo es constante cambio. Y quien se atreve a tomar el cambio avanza con el mundo. Quien se atreve a vivir con el cambio vive con el mundo. Quien se atreve a desarrollar sus poderes, saber, atreverse y hacer podrá avanzar y vivir en el mundo, sin necesariamente ser del mundo. Quien no presta atención a los cambios, quien resiste a los cambios, quien se aferra de las definiciones y se identifica con lo pasado es tapado por los cambios del mundo. Es como si fuese una ola: quien la ve y se atreve puede elegir cómo poner el cuerpo y cómo accionar con la presencia de la ola, quien le presta atención y se atreve puede tomarla y avanzar con la ola, quien le presta atención y no se atreve puede pasar la ola sin grandes resultados, y quien no la ve es tapado y arrastrado por ella. No hay movimientos buenos y malos, no hay cambios buenos y malos, todo cambio es una oportunidad, y al ser todo cambio, vivimos en un terreno de toda oportunidad. Desesperarse o sufrir es una opción, no una obligación. Es para quienes no se atreven a vivir con los cambios y avanzar con ellos. Se puede vivir una vida plena, de alegría, dicha y desarrollo, avanzando y cambiando, permitiéndonos transformar constantemente.

La salud del vehículo con el que experimentamos esta vida, de nuestro cuerpo, de nuestra sexualidad, del corazón y de nuestra mente, depende de la circulación. Esta circulación es la que avanza constantemente con los cambios. La falta de salud de cualquiera de nuestros cuerpos sucede cuando faltamos a esa circulación; cuando la obstruimos, la bloqueamos, la reprimimos o la prohibimos. Cuando lo que se genera es enfermedad, surge un nuevo cambio. Incluso al ser capaz de generar la muerte de nuestro vehículo (cuerpo), se genera otro cambio. A quien no se permite cambiar, la vida lo obliga a cambiar. La muerte es una forma de cambio para el cuerpo que ya no tiene espacio para hacer otro cambio vital.

El *ser esencial* sabe lo que está haciendo y no necesariamente lo saben nuestros disfraces. Vive y experimenta a través de lo manifestado en constante transformación. Sin embargo, experimenta la vida a través de la mente, y a partir de la mente experimenta al cuerpo intelectual, emocional, sexual y físico. Si la mente no se permite cambiar con la vida, si la mente se queda aferrada a algo, si la mente deposita ideas restrictivas, no le quitamos salud a nuestro *ser esencial*, sino a nuestro personaje, a la persona a través de la que vivimos. Al no permitir que la persona cambie, comienzan a generarse formas de incomodidad. Porque algo que quiere cambiar no lo está haciendo, o porque algo que cambia lo hace con trabas. Los cuerpos que nos integran buscarán por todas las vías seguir el constante proceso de cambio. Es inevitable que lo hagan y lo hacen. Si la resistencia es grande, eso que no permite cambiar es lo que obliga a la muerte a actuar como forma de cambio.

Quien aprende a dominar su vehículo, a controlar su mente, a entrenar su corazón, sexualidad y cuerpo, entonces podrá permitirse cambiar constantemente junto con la vida. Quizá incluso sea capaz de desarrollar una voluntad tan grande que sea capaz de elegir y hacer, sin ser llevado por los sucesos que lo atraviesan.

CAPÍTULO 2

La mente

EL PODER DE LA MENTE

Aunque nosotros no lo estemos viendo, porque no vemos los pensamientos, la mente genera *karma*. Envía órdenes al universo, y eso regresa. Entonces, una mente descontrolada atrae lo que necesita y atrae los obstáculos mientras va avanzando. Una mente educada va a saber, con mucho cuidado, cómo utilizar sus poderes y lo hará con plena atención.

El *karma* es la ley de acción y reacción. Esto quiere decir que toda acción realizada genera una reacción. Si mueves con una mano un objeto que tengas cerca de ti en este momento, el movimiento que hagas con tu mano es la acción y el movimiento del objeto es la reacción. El *karma* es lo que hay detrás de la conocida frase «*Siembras lo que cosechas*». El *karma* es la red de causalidad que justificaría que las casualidades no existen como tales. Para el ser humano que está programado por el mundo actual, construido bajo falsas supersticiones y programaciones alocadas, las casualidades existen. Y no solo existen, sino que son las que rigen sus vidas; se traducen como accidentes, suerte, mala suerte, y otros fenómenos del estilo. Para el ser humano que se ha desconectado un poco de ese programa, que se ha permitido ver un poco más allá, las casualidades dejan de tener tanto rigor y pasan a ser el resultado de lo que hacen.

El *karma* para Oriente, la ley de causa y efecto para Occidente, o las vestimentas del alma para la cábala —dicen que son las vestimentas porque el alma utiliza este ropaje, puede ponerse y quitarse a gusto y elección—. Estas son el pensamiento, la palabra y el acto físico. Esto quiere decir que todo lo que piensas, todo lo que dices y todo lo que haces genera una reacción en el universo. Estas tres formas de accionar que tenemos funcionan como mandatos que le enviamos al universo.

Y todo vuelve. Vuelve como un búmeran, que vuelve hacia quien lo ha lanzado, pero no necesariamente por el mismo camino por el que fue entregado. Esto es lo que hay detrás de otra conocida frase: *«no le hagas al otro lo que no te gusta que te hagan»*.

Cuanto mayor sea tu trabajo contigo mismo, más dominarás tus pensamientos, palabras y actos. Cuanto mayor sea el dominio que tengas sobre ellos, menores serán las «casualidades» existentes en tu vida. Pasarás a ver todo como una red conectada de causalidades, donde todo lo que te sucede es un constante devenir de la relación que tienes con el mundo a través de tu accionar.

Por ello es de gran importancia observar la forma en que pensamos, en que hablamos y en que actuamos en el mundo. Si podemos observar, veremos los mandatos que estamos lanzando. Estamos generando en estos tres niveles muchas cosas.

Es un trabajo. No se trata de que lean esto, lo entiendan, y a partir del entendimiento lo dominen a la perfección. Después de entenderlo será necesario apoyarlo en el corazón, para lograr sentirlo, experimentarlo y luego dominarlo. Verán que es un trabajo y una disciplina de mucho rigor. La herramienta clave es la educación de la mente y la autoobservación.

Es más, quizá, y solo quizá, este trabajo de autoobservación vaya contra la naturaleza; podría llegar a ser que la evolución misma vaya contra la naturaleza. Suelen aconsejar que es bueno que uno vaya con el río, que se permita fluir, pero los peces no nadan siempre con la corriente: algunas veces lo hacen y otras veces no, tienen una voluntad que pueden dirigir. ¿Cuáles son los únicos peces que nadan siempre con la corriente? Los peces muertos. Quizá, y solo quizá, cuando digamos «fluir» nos estemos refiriendo a la base de nuestra salud. En este caso sí, la buena salud depende de la circulación, y no solo física, de sangre, también la circulación de las emociones, de los deseos, de las necesidades, de los pensamientos, de nuestro campo astral y de nuestro espíritu. En este caso sí, la salud depende de fluir, de que nuestro cuerpo, nuestro corazón, nuestro sexo y nuestra mente se permitan cambiar y circular, sin reprimir. Porque si reprimimos algo, si no permitimos que alguna parte nuestra (o alguno de nuestro cuerpo) fluya, generamos una obstrucción a nivel astral, y entonces sí empieza a haber problemas, tanto psicológicos como físicos. Sin embargo, cuando hablamos de trabajar con uno mismo, desarrollar una conciencia y lograr evolucionar como ser, no necesariamente deberíamos *dejarnos llevar* o *fluir con el ambiente*. Quizá este trabajo no vaya con la naturaleza y vaya en contra. Es más, mientras que el destello de la creación va de arriba hacia abajo, la evolución va de abajo hacia arriba. Entonces podría ser «normal» que ir con la corriente no fuera evolucionar.

Como este es un libro lleno de mentiras, les propongo que no me crean, sino que observen. Si uno no trabaja consigo mismo y se deja «fluir», quizá vaya siguiendo las órdenes y los mandatos de sus clanes (la familia, los amigos, el colegio, la universidad, el trabajo, la cultura, la religión, la sociedad, la lengua, el país, el continente, el mundo), respetando leyes injustas, repitiendo programaciones enfermas e imitaciones inútiles, identificándose con la opinión del otro y con sus críticas, construyendo falsas personalidades en base a comparaciones y al «qué dirán»; y vivan la vida atrapados, de accidente tras accidente, entre supersticiones infantiles, morales retorcidas y valores inútiles; hasta que un día mueran (o el cuerpo a través del que experimentan esta vida lo haga). ¿Cómo no va a suceder esto?

Te llegan distintas órdenes y mandatos de parte de cada uno de los clanes, muchas veces contradictorias unas con las otras, y ninguna de ellas te pertenece (la única que puede pertenecerte surge de tu *ser esencial*, no del dictado de algo externo a ti) y si te identificas y le haces caso a todo lo que te dicen, entonces quedas atrapado y lejos de lo que tú querías para ti. Suma a la ecuación una sociedad de la edad emocional de un niño de cuatro años, que lo único que quiere es amar y ser amado, que es capaz de hacer lo que sea e ir contra su propio ser con tal de recibir amor (quien mendiga amor recibe limosnas de amor); o que las cosas no salen como lo esperaba, entonces se llena de rencor, arrepentimientos y culpas, viviendo la vida, maldiciendo al mundo. Este ser atrapado por oír hacia fuera y no hacia dentro, sale del colegio y estudia lo que no quiere, sale de la universidad y hace lo que no quiere, sale del trabajo y vive con quien no quiere y donde no quiere, sale de la vida y muere como no quiere. Así queda alguien que vive una vida que no le pertenece, una vida que no le corresponde, gracias a *ir con la corriente* de un mundo que sufre.

Si trabajan consigo mismos, quizá descubran que se encuentran con más *no* que con *sí*, que su familia, sus amigos, sus colegas y su ambiente no apoyan necesariamente sus cambios, que las condiciones sociales del mundo en el que viven no favorecen su individualidad, que la educación que reciben no los alienta a realizarse, etc. ¡Incluso es posible que se encuentren «casualmente» con un ser que no conocen, que también les diga que no! Podría suceder que el mundo se resista a ustedes. Porque están yendo todos con la manada y ustedes se están convirtiendo en la oveja negra, que no va con la corriente, que no hace lo que le dicen que haga.

Entonces me encuentro con alguien que me dice: «Nadie me apoya», esperando inconscientemente aún que su madre lo amamante y que su padre lo proteja. Quien no quiere trabajar consigo mismo, quien no quiere involucrarse en esto, suele aferrarse violentamente a sus tragedias; las alza como trofeos y anécdotas para mostrárselas al mundo, para jactarse de «sus límites» basados en «su historia». Quizá, y solo quizá, si se *desidentificara* un poco de «sus límites» y «su historia» descubriría que si quiere, puede.

Una vez me encontré con otra persona que me dijo: «Lo estoy haciendo, pero es una lucha». ¿Quién dijo que es una lucha? Al escribir este libro, estoy prestando cuidadosa atención en exponer esto como un trabajo y no como una lucha. Y, en caso de que piensen que trabajar en algo que a uno le gusta es luchar, quizá sería útil cambiar esa definición por jugar —o mejor aún, que funcione sin definición—. Al comienzo de este texto les hablé sobre nuestras formas de accionar en el mundo (palabra, pensamiento y acto físico); si le mandan la orden al universo de que el trabajo con ustedes mismos es una lucha, lo que les recomiendo es que se compren un casco y se preparen para la guerra.

Sin embargo, si hacen este trabajo, también verán que su visión sobre los «noes» y los «sies» cambia; que ahora que están trabajando consigo mismos agradecen, que no hay quien esté contra ustedes, sino que los «noes» le pertenecen a quienes lo manifiestan. Quizá no se trate de luchar, sino de aceptar. El ambiente en el que se mueven les dice que no: no luchen, no defiendan, simplemente continúen su trabajo consigo mismos. Ni luchar, ni rechazarlo, ni tomarlo; se trata de aceptar todas las opiniones sin identificarse con ellas, cultivando una sagrada indiferencia como protección para continuar su trabajo.

Quizá, y solo quizá, la evolución no sea parte del plan divino que tanto los rige. Si uno se deja llevar siempre y no hace nada, entonces va como un pez muerto; trabaja mecánicamente como un robot; llegan los mandatos y los cumple; llega lo que dicen los padres, los jefes, los amigos, la sociedad, la religión; lo hace por el tiempo que dura su vida y finalmente muere. Quizá evolucionar se trate de romper con eso; de realizar un trabajo muy fuerte a nivel interno, donde uno se observa, se da vuelta y dice *yo voy para otro lado, voy a tomar mis decisiones, buscarme a mí mismo, para ser yo mismo.* Este trabajo que propongo aquí no es gratuito (no se concibe por sí solo), sino que debe hacerse para que sea posible; educar a la mente es la fundamental herramienta para su logro. No se trata de evitar lo que no nos gusta y alojarnos en una falsa comodidad, sino de trabajar todo el conjunto que nos compone. Quizá, y solo quizá, al hacer esto descubran una vida maravillosa y posible, donde todas las decisiones posean una fuerza inmensa relacionada con lo que quieran, deseen, necesiten, sientan y piensen.

COMO LO TOMAMOS, LO VIVIMOS

Cuatro amigas conversaban sobre la posibilidad de ir a cenar a un nuevo restaurante que habían abierto en el barrio. La que había propuesto la idea les señalaba a sus amigas que era interesante probar algo nuevo, que vieran de qué se trataba, que era comida marciana y le llamaba la atención. La segunda respondió que no quería probar algo nuevo, que estaba a gusto con el restaurante al que solían asistir y que no quería ir a otro lado. La tercera estaba indecisa. La cuarta dijo que iría a donde quisieran ir todas.

Un punto de vista positivo, uno negativo, uno dubitativo y otro neutro. El evento es el mismo: ir a comer al nuevo restaurante. Cada una experimenta la situación como la percibe. La primera ve el lado positivo: guiada por el amor, se atreve a ir más allá del terreno conocido para descubrir algo nuevo. La segunda ve el lado negativo: guiada por el temor, prefiere proteger el terreno en el que se encuentra y no quiere salir de la comodidad en la que se ha asentado. La tercera está en la duda, no escucha lo que siente y se deja guiar por las voces de afuera, queda aturdida por las posibilidades y aún no se atreve a decidir. La cuarta es imparcial, puede disfrutar de ambos restaurantes: se atreve a probar el nuevo y también está a gusto si van al que suelen ir frecuentemente. El evento es el mismo y las posibilidades son las mismas, la diferencia de cómo vive cada una la experiencia funciona de acuerdo a cómo lo toman mentalmente.

Una pareja se va de viaje por el fin de semana a visitar a unos amigos que viven en el campo. Mientras van en la ruta, él se siente a gusto porque ve el viaje como una posibilidad para renovar sus aires, para reconectarse con la naturaleza, para hacer algo distinto y descansar. Ella está disconforme porque ve el viaje como un alejamiento de la ciudad, donde tiene su mundo, sus hábitos y costumbres, donde están las cosas que hace y las actividades que le gustan.

Él observa hacia el futuro, ella hacia el pasado. Él presta atención a donde se están dirigiendo y lo toma positivamente. Ella presta atención al lugar de donde se están alejando y lo toma negativamente. El evento es el mismo, ambos se encuentran en el mismo vehículo, se fueron de la misma ciudad y van hacia el mismo campo. La diferencia de lo que experimenta uno y otro sucede en función de dónde tienen colocada la atención (él hacia delante y ella hacia atrás) y a cómo están cargando cada una de las situaciones (él lo observa positivamente y ella negativamente). El evento es el mismo y las posibilidades son las mismas, la diferencia de cómo vive cada uno la experiencia pasa de acuerdo a cómo lo toman mentalmente.

> Hay dos amigos en una fiesta, en la terraza de un alto edificio. Uno le comenta al otro que le impresiona la altura a la que se encuentran. Ambos se quedan silenciosamente mirando hacia abajo, levantan la cabeza y advierten el paisaje de la ciudad desde aquella terraza. Mientras observan, uno está contemplando la maravilla de la construcción humana, el gran espectáculo que tienen frente a ellos; ve la historia de la humanidad contenida frente a sus ojos, reconoce que es todo parte del avance y disfruta lo que ve. El otro está pensando en arrojarse desde la terraza.

El primero de los amigos está contemplando libre del pasado; no está repasando su historia ni está sujetado por alguna memoria, simplemente se encuentra observando la belleza de la vida que danza frente a sus ojos. El segundo de los amigos no ve lo que tiene frente a los ojos, no lo advierte, sino que lo proyecta como una posibilidad de salirse de los problemas en los que está atrapado; está cargado por su historia, no ve la salida y considera el suicidio como opción. El evento es el mismo y las posibilidades son las mismas, la diferencia de cómo vive cada uno la experiencia pasa de acuerdo a cómo lo toman mentalmente.

Si el cuerpo es la tierra, la mente es el planeta. Si el intelecto es la respiración, la mente es el aire. Si el sexo es el fuego, la mente es el sol. Si las emociones son las olas, la mente es el océano. La mente es nuestra herramienta fundamental. No podríamos estar aquí, si no fuese por ella. La mente es la que le da forma a la materia. Nuestra voluntad llevada a cabo a través del pensamiento, la palabra y el acto es el resultado directo del poder mental. Si educamos la mente, será nuestra gran aliada. Si no la educamos, será nuestra gran enemiga.

La diferencia entre una mente educada y una mente sin educar es inmensa. Una mente educada utiliza de forma consciente sus pensamientos, administra eficientemente su energía vital, educa al corazón, concentra los deseos, cuida al cuerpo, decide qué quiere hacer, hacia dónde quiere ir, elige una dirección y organiza los recursos que hay a su disposición en cada presente para avanzar. En resumidas cuentas: la mente es maravillosa para definir objetivos, decidir direcciones y organizar. Una mente no educada escarba y escarba, desperdicia energía vital, crea problemas, sospecha, se limita, se define por sus creencias y se hace esclava de ellas, guarda ideas locas, hace de las adversidades desgracias, de los desafíos tragedias y conduce inevitablemente hacia el sufrimiento. Una mente educada se esforzará en aumentar su discernimiento, aprenderá a dudar para expandirse y a decidir para avanzar, utilizará su inestabilidad como fuente de inspiración, trabajará en reconocer lo guardado en el subconsciente, *desidentificará* su ego de las ideas limitantes y esto lo hará expandir hasta llegar a comprender el universo entero. Una mente no educada desespera frente a la volatilidad, no reconoce nada y se hace víctima de su subconsciente, tiene un discernimiento pobre, sufre al dudar y le cuesta decidir, cultiva límites, y su ego se mantiene rígido y pequeño. Una mente educada vive en un estado de eterna presencia, es atenta y capaz de entrar en el mundo de la concentración cada vez que lo decide, realizando todos sus objetivos, para luego volver a su estado de anihilación en un pleno presente. Una mente no educada ocupa el tiempo en la agitación y dispersión, vive en el pensamiento repetitivo, en la memoria que ata, en la identificación que limita y en el sufrimiento que no descansa.

El tipo de vida que cada uno experimenta depende en gran medida del grado de desarrollo que tengan sus centros intelectual, emocional, sexual y físico. El espíritu, para hacer este trabajo, cuenta con su principal herramienta: la mente.

Los eventos son los mismos y las posibilidades son las mismas, la diferencia de cómo vive cada uno la experiencia pasa de acuerdo a cómo lo toma mentalmente. Todos venimos equipados con un cuerpo físico, uno sexual, uno emocional y otro mental. Todos tenemos un día de aproximadamente veinticuatro horas y una semana de aproximadamente siete días. La diferencia de lo que experimentan unos y otros responde a cómo cada uno toma lo que se le ha prestado y qué hace con ello. Todo cambia constantemente. Nada permanece. Todo es nuestro. Nada nos pertenece.

UTILIDADES DE LA MENTE

La mente es maravillosa para realizar tres actividades: definir objetivos, decidir direcciones y organizar.

Definir objetivos. ¿Qué voy a hacer ahora? Escribir este texto. ¿Cuál es mi objetivo con este texto? Escribir de forma sencilla, clara y precisa las actividades para las que la mente es muy útil. Definí el objetivo en mi mente y ahora suelto, me dejo llevar un poco por la mente y veo cómo me va guiando, cuáles son las palabras que le vienen y cómo vienen, para llevarme a este objetivo. Vienen palabras y elementos a esta poderosa mente, entonces paso a decidir direcciones. ¿Qué camino tomo al escribir este párrafo? Elijo uno y voy andando, sigo escribiendo el párrafo. De repente, me detengo porque me llega una duda: ¿me siento a gusto con esta forma de escribir esta frase o busco otra posibilidad? Me detengo frente a la duda: ¿qué otras opciones tengo? La mente de modo veloz me presentará otras opciones para describir lo mismo que quiero describir, con otras palabras, en distintos tipos de frases. Aquí lo que está sucediendo es que me pongo a organizar los elementos que tengo frente a mí, me da opciones para decidir. Selecciono esta frase, tomando una nueva dirección, y retomo el ritmo de escritura. Desde que comenzamos nuestro día, la mente se la pasa definiendo objetivos: lavarse los dientes, darse un baño, vestirse, ir al trabajo, etc.

Se define el objetivo y luego me dejo llevar, la mente me va a llevar para ahí. Voy definiendo una dirección, luego paso a otra: me permito cambiar. Mientras tanto, voy organizando todas las herramientas presentes que me trae la mente para conducirme a través de estas direcciones hacia el objetivo planteado. Trabajo con mi mente para que se desarrolle. ¿Qué quiero? ¿A dónde quiero ir? ¿Qué quiero hacer? ¿Cómo quiero hacerlo? ¿Con quién quiero estar? ¿Qué quiero estudiar? ¿Dónde quiero estudiar? ¿Cómo quiero estudiar? ¿Adónde quiero vivir? ¿Cómo quiero vivir?, etc.

Para esto la mente es espectacular. Es un gran aliado que, educado y entrenado, nos puede conducir hacia donde queramos.

¿Qué es lo más grande que podemos crear? ¿Lo más poderoso y evolucionado? A otro ser humano. No podemos hacerlo solos, necesitamos las dos polaridades: un hombre y una mujer. Sin embargo, nosotros no lo hacemos todo; intervenimos en una parte muy pequeña. Lo único que sabemos hacer es poner la parte que le corresponde a cada uno (espermatozoides, óvulo) y, una vez fecundado el óvulo, darle buenas condiciones al nido para que el niño nazca saludable. No sabemos cómo hacer que el espermatozoide y el óvulo se reúnan y hagan todo el proceso interno, no tenemos idea de cómo crear a otro ser humano. Si nos dieran un paquete de riñones, intestinos, venas, kilos de piel y huesos, un cerebro, un corazón y otras cuantas vísceras, y nos pidieran que creásemos un ser humano, difícilmente podríamos hacerlo. Ni la tecnología más avanzada puede lograrlo. Lo que sabemos hacer es darle las condiciones necesarias para que la inteligencia superior haga su trabajo. Porque eso es lo que sucede; aquí hay una inteligencia superior que está trabajando a través de nosotros y que, si nosotros hacemos correctamente lo poco que podemos controlar, va a traer al mundo gracias a nosotros a otro ser humano. Ahora bien: si con la ayuda de esta misteriosa parte podemos crear algo tan complejo y avanzado como a un hijo, ¿qué no podremos crear?

Planteen un objetivo, sea cual sea, posible o no tanto, y pónganse a trabajar en eso, decidiendo direcciones y organizando en cada uno de los presentes, en cada instante en el que van viviendo, todos los recursos que tengan a su disposición para avanzar hacia esta meta. La mente es maravillosa aquí, será nuestra útil guía. En el camino, permítanse modificar direcciones. Las direcciones pueden ir cambiando: sabrán que el trayecto más directo entre dos puntos no necesariamente es una línea recta. Y, una vez que se hayan puesto con manos a la obra, verán que lo importante no es tanto el logro en sí mismo, sino el proceso de lograrlo. Verán que no se trata tanto de encontrar, sino de buscar. Es el camino lo que nos ocupa, lo que nos abre posibilidades, lo que nos inspira, lo que nos ofrece propósitos para desarrollarnos, crecer como seres humanos y evolucionar.

RIESGOS DE LA MENTE

Por otra parte, la mente puede hacer cosas que no nos resultan útiles y nos afectan negativamente el viaje. Sus poderes están a nuestra disposición; no porque tengamos acceso a ellos quiere decir que sepamos hacer las cosas bien. Es más, suele suceder lo opuesto; hay personas que utilizan los poderes mentales para hacerse daño y pasar una vida de sufrimientos.

La mente no educada, o la mente descontrolada, va a generar problemas, escarbar, repetir, limitarnos, malgastar su energía vital disponible, sospechar, definirse por creencias, hacernos esclavos de ella, guardar ideas locas y conducirnos inevitablemente hacia el sufrimiento.

Así como es capaz de definir objetivos útiles, si no está educada y sus partes y modos de operar no están trabajados, es capaz (a nivel inconsciente) de definir objetivos que van contra uno mismo. La mente descontrolada nos pondrá los obstáculos en el camino. Y, si no está educada, va a adjudicar estos obstáculos al azar divino, sin observar que ella misma los ha estado colocando.

Contamos con una energía vital que vamos administrando a lo largo del día: la recibimos, la acumulamos, la entregamos todos los días[1]. Así como existen formas sanas de administrar esta energía vital, también hay otras poco sanas de hacerlo. La actividad mental repetitiva y el dialogo mental descontrolado nos hará desperdiciar muchísima energía vital que tendríamos disponible para otras funciones del cuerpo. Una mente no educada va a cansarnos.

Además, si se observan, descubrirán que esta actividad mental repetitiva y el dialogo interno suelen versar siempre sobre los mismos temas; están repitiendo lo mismo. Es una actividad desgastante e inútil, que incluso puede conducirnos a obsesiones, paranoias, persecuciones, sospechas y otras vicisitudes de similar índole.

Una mente descontrolada no aprovecha lo que hay aquí (en el presente), porque no sabe silenciarse, no sabe vivir en el hoy; pasa su tiempo dialogando consigo misma sin ver lo que está sucediendo a su alrededor. Si ahora, mientras lees esto, piensas en otra cosa, no entenderás lo que estás leyendo y, si quieres recordarlo deberás volver a leerlo con mayor atención. Se puede estar ausente mientras se está aquí haciendo algo. Y eso sucede mucho: están aquí pero no están, porque están en otro lugar.

Un ejemplo de la mente descontrolada es la obesidad. No es el resultado de una mala alimentación, genes raros, huesos pesados, azar divino u otra locura del estilo; su causa es estar ausente a nivel mental. Quien está con sobrepeso suele comer pensando en otra cosa, repasando con la mente alguna anécdota o fantasía, no siente

---

[1] Para más información sobre energía vital y energía negativa, ver capítulos 2 y 3 del libro *Sabiduría Casera,* de Lou Couture y Leandro Taub (Editorial Vergara, México, 2011).

la comida entrar en su cuerpo (es más, no siente nada) y es incapaz de reconocer si su cuerpo le dijo suficiente, si le pide otro tipo de alimentación, si quiere ayunar, si necesita líquidos, etc. Por otra parte, si estuviese presente durante el proceso de alimentación, si pusiera su atención mental en el alimento mientras come, volvería a sentir, no necesitaría comer hasta que su organismo estuviera a punto de estallar, sino que lo haría hasta que su cuerpo les dijera que es suficiente, y sabría qué alimento le hace bien, cuál no y cómo comer.

Una mente descontrolada va a adjudicar lo que no entiende al azar divino; incluso aquello de lo que es responsable y no se está permitiendo reconocer. Esta mente dirá: «Ellos tuvieron suerte», «Ella pudo ser la actriz que yo siempre soñé, pero para mí eso está muy lejos», «Él pudo ser músico y yo no», «Ella tuvo suerte y logró ser científica, yo no puedo», «Él pudo ser el escritor que yo quería», «Él tiene dinero y yo no». El ser con una mente descontrolada se comparará, se limitará, no reconocerá sus poderes, acudirá al azar divino, a una buena y mala suerte milagrosa, a supersticiones baratas, a no aceptarse, a juzgarse, a no permitirse y no darse.

Otra característica de una mente descontrolada es el efecto bola de nieve: cae una pequeña piedra de la cima de la montaña y, rodando nieve abajo, crece su tamaño a medida que desciende hasta convertirse, en el mejor de los casos, en una gran inmensa bola y, en el peor de los casos, en una mortal avalancha. La mente no educada tomará una excusa (la pequeña piedra en la cima de la montaña) y con esta construirá una enorme tragedia (del tamaño de la gran bola hasta la mortal avalancha). Esta mente va a escarbar y escarbar, sospechar, generarse problemas e instalarse en un sufrimiento prolongado.

Otro de los grandes poderes de una mente descontrolada es la huida. Una mente fuera de control va a encontrar siempre la forma, la excusa, el sendero, el camino, la vía para huir. No va a reconocer lo que le sucede y va a buscar la justificación perfecta para no hacerse cargo, escapar y no permitirse desarrollarse.

Por último, y no por eso menor, una mente sin educar limita. Se identificará con opiniones, puntos de vista, creencias, definiciones, nombres, hábitos, costumbres, mandatos, órdenes, leyes, y otras rarezas; las solidificará en su estructura, se hará esclava de ellas y no se permitirá salir. De esta manera construirá una montaña de límites que edificarán una vida llena de imposibilidades, inflexibilidades incapacidades, sufrimiento y «mala suerte».

PARTES DE LA MENTE

La mente puede separarse en cuatro partes: la mente inestable, el intelecto, el subconsciente y el ego. La mente inestable duda, el intelecto decide, el subconsciente guarda y el ego se identifica. Necesitamos de la mente inestable para expandir y del intelecto para avanzar, mientras que del buen juego entre el subconsciente y ego desarrollamos nuestra conciencia (y del uso descontrolado de ambos, nuestra inconsciencia). Lo que hace una mente educada con el diálogo entre la mente inestable y el intelecto es dudar y resolver, una y otra vez. Lo que hace una mente descontrolada es evitar el diálogo entre las partes; duda y nunca resuelve o no se permite dudar y nunca se expande; no se atreve a tomar decisiones o decide sin atreverse a dudar. Lo que hace una mente educada con el diálogo entre el subconsciente y el ego es reconocer lo que hay guardado, *desidentificarse* de ello y dar un paso más allá. Lo que hace una mente descontrolada es evitar el diálogo entre las partes:

no reconoce nada y se identifica con rígidas definiciones alojadas en su profundo subconsciente.

LA MENTE INESTABLE

Quien todo duda poco hace, quien nada duda poco aprende.

La mente inestable es la parte de la mente que nos permite dudar. Es la parte de la mente que nos instala en la volatilidad; ofrece alternativas, puede acceder al territorio donde se encuentran las infinitas opciones, y emplaza la inestabilidad (necesaria para avanzar si es bien utilizada). Es la parte de la mente que puede ir más allá de nuestro control, la realidad detrás de nuestra realidad, donde todo lo que fue, es y será se resume en un instante. Si estuviera hablando del tarot, diría que es una mezcla entre el Arcano sin número, *El Loco*, y el Arcano I, *El Mago*. Es la que nos ofrece el caos, las infinitas posibilidades y la locura. Es la que nos ofrece el gran menú de opciones para elegir, donde todo se hace posible siempre previo a accionarse. Es la que abre las posibilidades. Si estuviera hablando de números, diría que es una mezcla entre el número cero y el uno. Es la nada, la falta de orden, donde no hay dónde y cuando no hay cuándo; el eterno comienzo, que ofrece volver a empezar una y otra vez; la primera aparición, el primer pensamiento, el génesis, la unidad que todo lo contiene. Es la parte de la mente que duda; que nos permite ver más allá de lo conocido y establecido en nuestro presente para, a continuación, permitirnos definir objetivos y decidir direcciones. Sin la duda no podríamos avanzar, y dudando todo el tiempo, tampoco.

Por eso, una de las formas con las que se define *sabiduría* en hebreo es «anulación». El sabio es el que está constantemente anulando; no al otro, ni a sí mismo; sino a su conocimiento establecido. Aprende algo; lo entiende, lo siente, lo comprende; y luego lo anula para permitir la entrada de algo nuevo. Una y otra vez. La duda bien trabajada es la que nos permite ir más allá de todo universo conocido. Quien no duda, quien no anula, no permite que haya espacio en su mente para que ingrese lo nuevo. Por otra parte, quien de todo duda y no resuelve las dudas, tampoco anula ni se permite avanzar. La duda nos saca del conocimiento preestablecido y nos permite ver más allá. Hace este precioso trabajo con nosotros.

Una vez abiertas las opciones, para avanzar más allá del universo conocido, se recurre a otra de las partes de la mente: el intelecto. El intelecto decide, es el que puede dirigir nuestra voluntad. Es entonces que la duda abre y resolvemos la duda para avanzar a través del intelecto que decide: viene la duda, se abre nuestro campo de observación, el intelecto interviene decidiendo, logramos avanzar.

Si quedan dudas sin resolver, si abrimos el campo pero no decidimos ni avanzar ni volver hacia atrás, nos quedamos instalados en la inestabilidad que funciona como un gotero de energía vital: nos quita vitalidad e instala una emoción negativa en nosotros y en el ambiente. Permanecer en la mente inestable es quedarse en la completa locura, en todas las posibilidades, el caos que hace perder el orden, la razón sin razón; las posibilidades que se abren quedan como inexistentes porque ninguna es accionada a través de la decisión. Si nos alojamos en la mente inestable, veremos las partes de la locura, donde se pierde el control y el orden. Es útil que haya dudas, siempre y cuando se resuelvan. Algunas herramientas para resolver las dudas son no descuidarlas, expresarlas correctamente, incluir a los demás, escuchar lo que se siente (y no tanto lo que se analiza), pedir respuestas y no arrepentirse.

Por el contrario, no permitirnos acceder a la mente inestable hace que no abramos, que no dudemos, que no salgamos de la propia imagen y el rígido punto de vista, que nos quedemos inmóviles en un estado definido y cerrado, que nos abandonemos en una zona de confort que inevitablemente se transformará en falso confort al no avanzar. En algún momento esa estabilidad pudo haber sido gratificante; sin embargo, con el tiempo que avanza, el ser también lo hace —y si no se permite hacerlo, comienzan los problemas—. Si el ser no avanza, la estabilidad se estanca: si el agua no fluye, se empantana; si el alimento no se come, se pudre; si la casa no se habita, se cae a pedazos; si el dinero no se invierte, se devalúa. La duda es muy útil y muy arriesgada. Si no la utilizamos, podemos quedarnos solidificados con una imagen rígida de nosotros mismos, en un mundo donde no nos permitimos cambiar. Nunca acceder a la mente inestable nos hace abandonarnos en un mundo demasiado racional, demasiado cuadrado, donde nada nuevo puede aparecer, donde las cosas son como son y no pueden ir más allá. Necesitamos de la inestabilidad para atrevernos a dar un paso más allá.

El avance es pendular; se duda, se decide, se avanza, se establece; una y otra vez. Avanzamos entre lo inestable y lo estable, necesitamos tanto decidir como acumular, estallar como estabilizar, ver más allá y establecernos, proponer objetivos y lograrlos, atravesar crisis y resolverlas. Se trata de ir paso a paso, ni de izquierda en izquierda, ni de derecha en derecha; paso a paso, con ambas piernas. En nuestra vida, todo en su justa medida es precioso (y en exageración se hace vicio); ir de lado a lado como un péndulo nos permite accionar y estabilizar, avanzando a través del diálogo entre las polaridades. La inestabilidad bien trabajada será la que nos ayude a avanzar (números impares, polaridad masculina), la estabilidad bien trabajada será la que nos ayude a estabilizar (números pares, polaridad femenina). Cuando se exagera hacia alguno de los lados, se genera una tensión desmesurada y se suscitan problemas. Como la vida misma. Así surgen los vicios.[2]

Hubo un día en el que, mientras escribía, me puse a observar por la ventana. Mientras las letras avanzaban, las nubes también. En el momento en que detuve la escritura, vi que las nubes ya no se movían. Me llamó la atención, pero no noté la conexión hasta que repetí el experimento. Volví a escribir y las nubes se movían. Dejé de escribir y las nubes se detenían. ¡Qué fuerza inminente con la que me encontraba! Temía que si me levantaba de la silla, si dejaba de hacerlo, dejaría de suceder. Temía que si salía del sueño, las nubes dejarían de seguir mi escritura. Entonces seguí escribiendo. Por horas y horas. Mientras escribía colocaba la atención en aquellas olas de nubes que seguían incluso el ritmo de mi escritura. Cuando golpeaba las teclas las nubes formaban picos; cuando trataba suavemente las teclas, las nubes formaban ondulaciones suaves; cuando escribía rápido, las nubes se movían rápido y cuando lo hacía lento, las nubes hacían lo mismo; cuando detenía la escritura, las nubes nuevamente detenían su movimiento. Era maravillosa la experiencia. Entonces seguía y seguía escribiendo, ya más atento a las nubes que a la propia escritura, formando un diálogo entre mis dedos y las nubes; dibujando formas y figuras en el cielo a través de las letras. Las frases pasaron de prosa a poesía, la estética del texto cambió; ahora hacía todo para complacer a esas bellas nubes,

---

[2] Para más información sobre los vicios, ver capítulo 2 del libro de Leandro Taub, *Santo Diablo*, Editorial Vergara, México, 2012.

dedicado a hacerlas cada vez más bellas. Las horas pasaban y seguía yo sentado sobre la silla, frente a la computadora, haciendo collages de nubes en los cielos, armando frases, cánticos y pinturas. Repentinamente oí que tocaban la puerta. El movimiento de las nubes se detuvo, mi atención cambió el foco, la mirada se dirigió a la puerta, el corazón latía velozmente, respiré profundamente y volví la mirada a la computadora mientras tocaban nuevamente la puerta. En la pantalla solo se veía una frase repetida miles y miles de veces que decía: «Hacia ti estoy yendo».

Lo que acaban de leer surgió espontáneamente, porque accedí a la mente inestable a través del intelecto que, eficientemente, decidió hacerlo. Sin preguntarme cómo, o por qué, lo que hice fue salirme de mi zona de confort, acceder a la mente inestable (que desconoce de límites y definiciones) y, a través del ego que define y el intelecto que decide que vaya, junto con algunas memorias alojadas en mi subconsciente, me dejé llevar para ver qué podía «inventar» literalmente. Escribí improvisando. Fue un instante, no planeado. Fui a la mente inestable a buscar qué podía escribir desde ella, sin siquiera pensarlo. Y eso que leyeron fue lo que sucedió.

Si se alojan todo el tiempo en la mente inestable, se instalan en la locura, en el no orden. Utilizar el ordenador portátil como sombrero y un pastel recién horneado como almohadón podría ser de lo más normal. Sin embargo, si acceden cuando necesitan y luego vuelven, descubrirán que la mente inestable también es la que traduce nuestra creatividad —que nace en nuestra sexualidad—. Mientras nuestra sexualidad es la que crea —desde un hijo hasta un nuevo peinado, cualquier forma de creatividad surge a partir de nuestro sexo—, la mente inestable es nuestro filtro mental a través del cual accedemos a dicha creatividad. Es un doblaje de nuestra creatividad. Acudir a ella nos ofrecerá alternativas. Aunque uno no sepa cómo o le tema, al atreverse se descubre que hay más, más allá de lo que hay. Si uno va accediendo a la mente inestable, encontrará formas distintas de ver las mismas cosas; se instalará en los infinitos puntos de vista, la apertura mental, las opciones, las posibilidades, el pensamiento (como dicen en inglés, *out of the box*). Es el lado de la mente que puede salirse de la caja —del mundo conocido— y recorrer lo incierto. Si deciden explorarla, descubrirán mundos maravillosos: *El país de Alicia*, *Yellow Submarine*, *Dream Numer 9*, *Star Trek*, las aventuras de ciencia ficción, todo lo que puede ser y más allá. Salen de la caja, trasforman la caja, construyen la caja, hacen desaparecer la caja, ven la caja en una cuarta y quinta dimensión. En la mente inestable todo se hace opción.

Como herramienta de práctica les propongo que lo prueben, vean por ustedes mismos cómo funciona; escriban cinco líneas sobre una hoja dejándose llevar, sin tomar un rumbo preestablecido, y si les viene la idea, cámbienla, permítanse ver adónde los lleva la intuición que trabaja a través de la mente inestable.

Quien quiere escribir o crear algo artístico generalmente se llena de planes y pocas veces lo hace. A veces no se trata más que de, una vez planteado el objetivo, permitirse ser y dejarse llevar por el juego mental; decidir la dirección y ver cómo la mente organiza los elementos que se van presentando para conducirnos hacia ese objetivo. Hay grandes obras que comenzaron así; se construyeron a medida que se hicieron.

EL INTELECTO

El intelecto es la parte de la mente que decide. Tiene la capacidad de desarrollar una inteligencia, descubrirles la utilidad a las cosas —una mente que se entrena con la ayuda de la mente inestable puede incluso cambiarles la función a las cosas—, discernir, organizar, separar, interpretar y razonar. Es la parte de la mente que no poseen los animales. El intelecto es nuestra mente científica y analítica. Es el que maneja nuestra voluntad. Es el que sabe elegir. Es el que decide.

Toda decisión, sea consciente o inconsciente, tuvo que activarse desde el intelecto para hacerse posible. Hagan lo que hagan, sea consciente o inconscientemente, se puede hacer gracias a la existencia de un intelecto que envía la orden, que toma la decisión de hacerlo.

Mientras la mente inestable nos permite abrir nuestro campo de acción y acceder a otras posibilidades, el que selecciona, el que decide, el que nos impulsa a accionar es el intelecto. Es la parte de la mente que envía la orden para que hagamos.

El intelecto puede tener distintos niveles de desarrollo. El intelecto sin desarrollar resulta en una voluntad débil. Este tipo de voluntad será la que fácilmente se deje guiar por una voluntad superior que le diga qué hacer y qué no. A una voluntad débil le costará hacer por sí misma, y entonces, como resultado, obedecerá lo que le digan que debe hacer. Hará lo que otra voluntad superior le diga que haga. Piensen en el niño frente al padre y la madre, el joven frente al colegio, el adolescente frente a los amigos, el adulto frente a la sociedad y las leyes, el creyente frente a la religión. La voluntad superior inconsciente le dirá qué hacer a la voluntad inferior. Excepto cuando se transgrede. Cuanto más desarrollemos nuestro intelecto, cuanto más se aumente, mayor será el poder de la voluntad y la capacidad de tomar decisiones sin depender del otro. Una mente educada trabajará para aumentar su capacidad de discernimiento y su inteligencia, fortaleciendo su poder de voluntad, hasta el punto en que, quizá algún día, responda únicamente al *sí mismo*.

El intelecto es el que decide, trabajando a través de una íntima relación con la mente inestable. Cuando la mente inestable ofrece la duda, el intelecto tiene la oportunidad de decidir frente a las opciones que se presenten. Un intelecto desarrollado se atreverá a tomar las decisiones, una y otra vez, aunque las mismas impliquen la transgresión de la estabilidad pasada. Un intelecto poco desarrollado no se atreverá a tomar decisiones para avanzar y se aferrará a los conocimientos previos establecidos.

EL SUBCONSCIENTE

El subconsciente es nuestro baúl; el que guarda el instinto y la memoria. Es la parte de la mente que funciona como una mochila, donde se acumula lo que no nos permitimos olvidar, tanto lo que reconocemos como lo que no reconocemos. En el subconsciente alojamos toda cosa que no dejamos pasar y la hemos retenido de alguna forma.

Nuestra mochila psicológica, el subconsciente, es donde acumulamos todo eso que nos dijeron y con lo cual nos identificamos; aquello que nos sucedió de pequeños y que nos determinó; la relación que fracasó con la cual nos identificamos; la frustración sobre nuestras expectativas con la que nos identificamos; el apego solidificado con el que nos identificamos; el mandato social, cultural, religioso, con el que nos identificamos. Es el disco rígido de nuestra gran computadora. Es el que guarda las cosas.

El terapeuta suele guiar al paciente para ayudarlo a reconocer lo que tiene alojado en el subconsciente. Su trabajo es auxiliar a que uno se reconozca. Porque, cuando no reconocemos lo que tenemos ahí guardado, eso nos somete y afecta sin que lo sepamos. La forma en que hablamos, la forma en nos movemos, la forma en que respiramos, la forma en que nos alimentamos, la forma en que pensamos, la forma en que dormimos, la forma en que nos relacionamos, la forma en que hacemos lo que hacemos; todo está siendo influenciado por lo que tenemos guardado en el subconsciente. Si lo reconocemos, podemos quitarlo o mantenerlo. Si no lo reconocemos, sigue presente.

Es por eso que el trabajo que realiza una mente que se entrena sobre su subconsciente es reconocer lo que guarda. Reconocer hasta que, en algún momento, lleguemos a reconocernos. Para no seguir avanzando regidos por aquello que está alojado en el subconsciente, es necesario trabajar para reconocer lo que hay guardado ahí. Y no se trata solo de eso, esto no termina con el reconocimiento. Luego de reconocer; aparece el trabajo para otra de las partes de la mente, el ego: *desidentificarse* de esas memorias con las que estaba la mente identificada, consciente o inconscientemente.

Si hay una enfermedad, problemáticas, afectaciones, repeticiones o cualquier tipo de reacción, es porque hay algo alojado en el subconsciente que está haciendo ruido. El trabajo inicial será darse la vuelta y explorar la sombra, reconocer qué es lo que hay detrás de lo que hay: por qué lo que nos está afectando nos está afectando. A través de esta autoobservación uno se reconoce a sí mismo, descubriendo sus nervios psicológicos. Una vez reconocida la memoria alojada en el subconsciente, que está impulsando la afectación, se puede pasar a la siguiente etapa: la *desidentificación*. Al hacer este trabajo, el ser deja de comportarse como víctima de aquel nervio (la memoria guardada en el subconsciente) y puede pasar a dominar la memoria e incluso curarla. Si no hay reconocimiento, la afectación sucede sin saber de dónde es que viene. Si hay reconocimiento, hay posibilidad de control. Cuando la memoria domina y no se reconoce, hay un sometimiento al ser sin que este sepa cómo, por qué, ni por dónde pasa. Siente que algo lo controla de alguna forma, pero no logra reconocer qué, cómo y dónde. Siente que algo lo controla, pero no lo entiende; no lo sabe, porque no lo está viendo.

Si la mente está descontrolada y poco educada, no solo no podrá reconocer las memorias que tiene guardadas en su subconsciente, sino que prácticamente no se dará cuenta de lo que sucede; creerá que es víctima de un azar divino, huyendo de toda posibilidad de responsabilidad propia. No se va a enterar de que tiene algo alojado en el subconsciente y, a veces, ni siquiera sentirá la afectación. Hay quienes están tan profundamente programados que dejaron de prestarse atención a sí mismos y están lejos de descubrir cómo se sienten. Cuando algunos atrevidos se permitan acercarse al presente, aunque sea un poco, lograrán sentir. Si llegan a sentir, por lo menos volverán a descubrir que tienen afectaciones y alteraciones a todo nivel; entonces podrán preguntarse: ¿por qué me pasa esto?, ¿qué es esto que me sucede?, ¿cómo me siento? Claro que no tendrán las respuestas aún, pero por lo menos habrán dado un gran paso; habrán saltado de la inconsciencia y programación profunda a sentir. Y ahora que sienten, si trabajan en educar su mente, podrán comenzar a darse vuelta y explorar su sombra; reconocer lo que tienen guardado en el subconsciente, tomar consciencia de cosas que no se permitían ver y conocerse a sí mismos.

Sería como andar en zapatos sin verlos. Hay quienes creen que sus verdaderos pies son los que utilizan ahora (incluyendo al zapato), que su verdadera altura es la que tienen ahora (aumentada por la suela del zapato), que su verdadera inclinación es la que tienen ahora (que incluye la inclinación hacia delante provocada por el talón del zapato). Están absolutamente identificados con el zapato, creyendo que forma parte de su *ser esencial* y no reconocen que es algo que alguna vez se pusieron y que, como se lo pusieron, también se lo pueden quitar. Sin embargo, algunos sienten que su andar no está siendo del todo natural, que están alojados en una falsa comodidad y que no caminan libremente como les gustaría. Entonces comienzan a investigarse, a observarse, hasta que un día comprenden que tienen unos zapatos puestos. Volver al presente les hizo sentir y descubrir que no estaban cómodos con su andar, lo que los impulsó a observarse y buscarse. Reconocer que tienen el zapato puesto no les quita el zapato, pero por lo menos hace que descubran de dónde viene esa afectación que sienten. Entonces llega otro tipo de ser, el que entrenó aún más su mente, y no solo se permite sentir y se observa para reconocerse, sino que también se atreve a arrodillarse, desatar los cordones y quitarse los zapatos. ¡Milagro! Ahora descubre un andar mucho más bonito y práctico, vuelve a sentir la tierra bajo sus pies; descubre que los pies de cuero que tenía antes eran sus falsos pies y se encuentra con sus verdaderos pies; descubre que la altura anterior era una falsa altura y se encuentra con su verdadera altura; descubre que su inclinación anterior era falsa y se encuentra con su verdadera inclinación. Luego aparece alguien que avanzó aún más en el entrenamiento de la mente (el que la utiliza como herramienta para desarrollar su conciencia): no solo se quita los zapatos, sino que además descubre que esos pies no son «sus» pies; que ese cuerpo no es «su» cuerpo; que aún hay algo más allá de esto y que puede explorarlo. Se *desidentifica* de lo reconocido, se olvida a sí mismo y se entrega a *ser* sin *no ser*.

Hay quienes piden ayuda; sin embargo, cuando la reciben, se resisten a reconocer. Me he encontrado con decenas de personas que me consultan algo y cuando les respondo huyen despavoridas, se enojan conmigo, se defienden creyendo que las estoy atacando o incluso responden agrediéndome verbal y físicamente. Quien no quiere reconocer verá la ayuda solicitada como una agresión. Sin embargo, el trabajo no está en el otro (uno no puede curar al otro), el trabajo de una mente entrenada está en uno, en verse al espejo (no solo físico, también onírico) y observarse. Reconocer cada cosa que se hace, dice y piensa; porque el subconsciente sale a la luz a través de todas las vestimentas del alma (el pensamiento, la palabra y el acto físico).

Hay algo peculiar en el ejercicio que propuse en la sección sobre la mente inestable, sobre escribir improvisando unas cinco líneas. Si lo realizan frecuentemente, descubrirán que hay palabras y formas de escribir que están repitiendo; es exactamente ahí donde hay algo alojado en el subconsciente emergiendo a la luz (en este caso a través del acto de escribir). Lo que hay guardado en el subconsciente está pidiendo ser reconocido, está emergiendo constantemente y se muestra a través de todas las vías que encuentra. Repeticiones, afectaciones y reacciones son el subconsciente hablando. Donde se cumple un patrón, ahí hay algo. Donde hay una reacción, ahí hay algo. Donde hay una afectación emocional, ahí hay algo. Si uno se escapa, volverá a aparecer. Si uno lucha, lo alimenta y fortalece. Atreverse a jugar con las vísceras psicológicas, investigar la profundidad, recorrer la oscuridad, es útil para descubrir lo que hay alojado en el subconsciente —para reconocerlo, *desindentificarse* de ello y retomar la libertad—. Soltar lo que no nos pertenece para descubrir lo que nos pertenece —si pudiste tomar algo que no es tuyo, también lo podrás soltar—. Se trata de abandonar al *falso yo* para descubrir al *yo esencial*.

EL EGO

El ego es la identificación con la imagen que tenemos de nosotros mismos. El ego es el que se identifica, se delimita, se compara y define al mundo a partir de las definiciones que se da a sí mismo.

No es algo ni malo ni bueno. La mente, nuestra gran herramienta, puede separarse en cuatro partes y el ego es una de ellas. Por esto, resulta absurdo que haya quienes buscan eliminar el ego, deshacerse de él, matarlo, extirparlo de sus vidas. Sería como quitarse un brazo. Y eso no va a hacer que el brazo desaparezca (ya que el brazo a nivel astral seguirá existiendo y la persona será capaz aun de sentirlo). Estamos en un tiempo del mundo en el que puedes oír «no ego». ¿Cómo no ego? ¿Se le ocurre a alguien decir «no estómago» o «no sangre»? Estamos en un tiempo del mundo en el que también puedes oír «no mente». ¿Cómo «no mente»? ¿Se le ocurre a alguien decir «no corazón», «no sexo» o «no cuerpo»? Sí, hay quienes niegan el ego, niegan la mente, niegan el corazón, incluso algunos niegan el sexo. Probemos con otra alternativa: no hay ego malo, sino un ego sin trabajar; el ego es maravilloso: hasta dónde lo llevemos, depende de nuestra educación mental y entrenamiento. Probemos con lo siguiente: sí mente, educada; sí ego, *desidentificado*; sí sexo, concentrado; sí corazón, dando y recibiendo.

El ego es nuestro espejo mental. Es la identificación con la imagen que tenemos de nosotros mismos; es la definición que nos hemos puesto y con la que hemos hecho un acuerdo, considerándonos eso.

Quizá les suenen las siguientes frases: «Yo soy ansioso», «Yo soy español», «Yo soy morocha», «Yo soy alta», «Yo soy inestable», «Yo soy obseso», «Yo soy de tal club de fútbol», «Yo soy vegetariano», «Mi color favorito es el violeta», «Mi comida favorita es el pan», «Yo soy escritor», «Yo no puedo», «Yo soy bueno, ella es mala», y una larga fila de etcéteras. El ego es lo que nos define y se identifica con aquella definición. Es el que proyecta una imagen mental sobre uno mismo y se define por ella. Es la identificación con el espejo mental de nosotros mismos. Incluso el ego es el que actúa través de mí en este momento que escribo estas líneas, y que define cómo son las cosas (en parte, también es por eso que advertí al comienzo de este libro que todo lo que iba a decir sería mentira).

Una mente descontrolada tendrá un ego pequeño y limitado; esto es una identificación muy rígida y solidificada con una imagen limitada de nosotros mismos. Este tipo de ego se identificará con puntos de vista, con opiniones, con gustos, con creencias, con hábitos, con costumbres, con mandatos, con modos y formas, con sus definiciones del mundo y con su *falso yo*. Este tipo de ego se encuentra atrapado en un castillo de definiciones, entre lo que le gusta y lo que no.

Una mente educada y que se entrena va a ir expandiendo su ego más allá de sus rígidas identificaciones, *desidentificándose* de esa imagen limitada que tiene de sí misma y expandiendo su campo de observación al identificarse con lo que hay más allá de uno mismo (y así descubrir que forma parte de uno mismo). Si se contemplan, descubrirán que quizá no sean ansiosos, sino que es un modo de operar por falta de educación; que quizá no sean españoles, americanos, ingleses, asiáticos, etc., sino que el cuerpo a través del que experimentan la vida nació en una zona de este planeta que hace algunos pocos cientos de años lleva un nombre y quizá deje de llevarlo en otros cientos; que quizá no sean del mundo, sino que son en el mundo (y por qué no en el universo); que quizá no tengan comida favorita, sino que hay un alimento que les gusta porque lo comen en su justa medida, sintiéndolo y asociándolo con una memoria placentera (pero que si abusan o lo comen ausentes, puede que deje de gustarles); que tal vez no sean escritores, abogados, deportistas, científicos, etc., sino que se trata de actividades que realizan; que tal vez no puedan mientras no lo prueben, y si lo prueban, lo sabrán; que quizá los seres humanos no sean buenos o malos, sino que todo ser manifestado tiene potencia para crear, mantener y destruir.

El ego limitado define y se identifica con aquella definición; el ego que se educa se *desidentifica* de la antigua definición y se va expandiendo al identificarse con lo que hay más allá, hasta lograr en algún momento llegar a comprender el universo entero, y después de ello, *desidentificarse* completamente del yo, para ser uno mismo y vivir en un pleno presente.

La mente descontrolada, con un ego sin educar, nos limita. Este ego, al identificarse con su imagen mental (puntos de vista, opiniones, gustos, creencias, hábitos, costumbres, mandatos, modos, formas, morales, entre otros) genera solidificaciones en la mente y observa el mundo a través de estas. Entonces no podrá ver el mundo en su grandeza, sino que lo verá pequeño, del tamaño de sus límites. Esta mente se hará esclava de estas solidificaciones, provocando un mundo pequeño y limitado, la jaula donde vivirá. Este ego querrá todo; buscará reconocimiento, fama y prestigio; se separará del mundo; querrá que todos fracasen, excepto él; se identificará con todo lo que encuentre (creyendo que el mundo gira a su alrededor); hará solo lo que le convenga; y construirá falsas personalidades —con las que se identificará rígidamente— sobre la base de comparaciones.

Aquí entra en juego otra de las partes de la mente que comenté con anterioridad: el subconsciente. Una mente que se entrena reconocerá lo que tiene alojado en el subconsciente y *desidentificará* el ego de estas memorias e instintos. La mente educada *desidentificará* el ego de toda definición, y se identificará de lo incierto, logrando ensanchar el mundo en el que vive y expandirse.

La mente descontrolada, con un ego limitado, pequeño y rígido, no solo proyectará imágenes mentales con las que se sentirá identificada, sino que lo repetirá a lo largo del día, exponiéndole al mundo su definición. Este ego querrá exponerse. Esta mente descontrolada le dirá al mundo: «Yo soy tímido, no me pongáis a hablar con más de una persona y media, porque exploto de la timidez», «Yo soy bipolar, por eso necesito tomar treinta y tres somníferos al día», «Yo soy libre, por eso fumo quince kilogramos de marihuana al día». Los «Yo soy» y sus alternativas se adaptan muy bien al vocabulario de un ego pequeño, aferrado, que está definiéndose y definiendo al mundo. ¡Y ni siquiera se da cuenta de los mandatos que le está enviando al universo! Si mientras avanza su día recuerdan las vestimentas del alma (pensamiento, palabra y acto físico), descubrirán que todo lo que dicen, piensan y hacen es una orden que lanzan: que hay una red de causalidades que se marcan en su constante devenir y les responden a ustedes mismos; que las palabras tienen poder; que si repiten «No puedo» garantizan que no podrán, si repiten «Soy fea» el mundo así las verá, si repiten «Es difícil» no se atreverán.

La otra actividad que realizará el ego limitado y poco entrenado es salir hacia afuera. No solo definirá al *sí mismo*, sino que también definirá al otro. Tendrá una visión del mundo tan rígida que no podrá soportar que algo se va fuera de su definición. No tolerará la incertidumbre y lo desconocido. Este ego se encuentra conmigo y me dice: «Tú eres escritor, eres argentino, eres judío, eres demasiado joven, eres indecente y estás loco». Si se entrenara, tiempo después diría: «Escribir es la actividad que realiza; Argentina es el nombre del país donde nació; judaísmo es la religión con la que lo educaron; su edad no es solo física, sino también mental, emocional, sexual y espiritual». Este ego limitado difícilmente pueda ver al otro como es, sino que lo verá a través del filtro de sus definiciones. Definirá a su pareja, a sus amigos, a sus familiares, a sus colegas, las relaciones, el trabajo, la obra (en caso que haga una), el estudio, los libros, la sociedad, el mundo.

La mente entrenada, con un ego en constante proceso de *desidentificación* y expansión, observará lo que piensa, lo que dice y lo que hace, para descubrir si hay algo a lo que está aferrado o en proceso de definición. La mente entrenada, con un intelecto que decide, se guiará a reconocer lo que tiene alojado en el subconsciente para *desidentificar* su ego de ello.

«Yo soy Leandro Taub». Quizá no sea Leandro Taub, y este solo sea el nombre que utilizo para que me llamen en este planeta; quizá no sea de este planeta, sino que soy *en* este planeta; quizá no sea solo en este planeta, sino que estoy siendo en todo el universo en simultáneo; quizá este no sea mi cuerpo, sino es el cuerpo que estoy utilizando. El ego pequeño y limitado se definirá por su nombre, número de documento, país, costumbres, mandatos, culturas, hábitos, religiones, morales, grupos de interés y otros.

RESUMEN DE LAS PARTES DE LA MENTE Y DE LAS ACTIVIDADES POR HACER CON CADA UNA

- **Mente inestable.** La que duda.
  Permitir la inestabilidad para abrir el juego. No alojarnos en la mente inestable ni evitarla. Permitirnos dudar. Acceder a esta parte cada vez que necesitemos y la situación lo requiera. No temerle. Permitirnos ingresar a la inestabilidad para que surja la duda que introduce opciones. Luego, con la ayuda del intelecto, resolver la duda decidiendo accionar por una de sus opciones.

- **Intelecto.** El que decide.
  Decidir para avanzar. Trabajar en aumentar el discernimiento y la inteligencia matemática. Fortalecer la voluntad con confianza y coraje. Desarrollar la razón y el entendimiento. Luego, conducir lo que se entendió al sentimiento para lograr comprenderlo; hacer pasar el conocimiento intelectual por el filtro del corazón (sentir). Aprender a decidir, elegir, seleccionar, sin mirar hacia atrás y sin arrepentirse. Permitir la existencia de la muerte de las opciones que no se accionaron. Atreverse a decidir. Saber que una vez realizada la elección ha sido la única posible.

- **Subconsciente.** El que guarda.
  Reconocer para conocer. Practicar día y noche la autoobservación, buscando reacciones, repeticiones y afectaciones emocionales. Observar lo que se piensa, dice y hace. Revisar contradicciones. Buscar hasta descubrir lo que haya guarda-

do. Reconocer todas las memorias e instintos, conscientes e inconscientes.

- **Ego.** El que se identifica.
  Desidentificar para expandir. Realizado el trabajo de autoobservación y reconocimiento de las memorias e instintos en el subconsciente, *desidentificarse* de ellas. Salirse de las definiciones y de ponerle nombre a lo que desconocemos. Salirse de la rigurosidad y permitir la expansión al identificarse con lo incierto. Atreverse a experimentar la incertidumbre y lo desconocido sin definirlos.

MODOS DE ACTUAR

La mente posee cinco modos de actuar: agitación, dispersión, atención, concentración y anihilación. Mientras que las cuatro partes de la mente descritas en la sección anterior se comportan como piezas aisladas y relacionadas, que trabajan entre ellas y se influencian, conservando cada una su trabajo independiente, los cinco modos de actuar trabajan en forma progresiva, como escalones, avanzando de uno al otro, sucesivamente. Los dos primeros son los dos más primitivos (los que generan más problemas), mientras que los tres siguientes son los que nos conducen a situaciones de bienestar progresivamente (el último logra un estado de éxtasis continuo).

Una mente descontrolada va a estar saltando entre los modos de actuar de acuerdo con los estímulos internos y externos que vaya recibiendo: reacciones, afectaciones, repeticiones (a nivel interno), y palabras, pensamientos, actos y voluntades más fuertes que la dirigen (a nivel externo). Una mente educada y entrenada va a poder focalizar su atención en el modo de actuar que más conveniente le resulte para cada momento. La mente descontrolada suele estar entre los dos modos de actuar que más inestabilidad y problemas traen (agitación y dispersión mental), mientras que la mente educada y entrenada va a trabajar para estar entre los dos modos de actuar que más estabilidad y bienestar traen (concentración y anihilación mental). La mente descontrolada va a trabajar en el modo que la emergencia de la situación, la programación inútil o la falta de voluntad la conduzcan: llega el examen, se concentra; nadie la espía, se va a agitación, tiene hambre, actúa; nada que hacer, se entretiene y dispersa; y así una y otra vez. La mente educada y entrenada va a actuar según los requisitos de la situación, estará en un constante presente (anihilación mental) y si se plantea un objetivo, avanzará hacia este atenta y concentrada.

AGITACIÓN MENTAL

La agitación mental es una actividad mental sin objetivo específico. Es el modo de actuar favorito de una mente descontrolada. Es la actividad que no va a ningún sitio pero no se calla, es la voz interna que aturde, que rebota como una pelota de *pinball* por todos lados de forma descontrolada. Las dos causas fundamentales de la agitación mental son los deseos y el temor. En función de este modo de actuar, más de una disciplina espiritual ha acusado a la mente de ser un enemigo. Pero la mente no es agitación mental, este es solo uno de los cinco modos de actuar de la mente, el más descontrolado y primitivo; sin embargo, hay otros cuatro que le seguirán.

Vas caminando por la calle y de repente te distraes del andar, porque has visto una mariposa pasando; la ves volar por unos momentos y te pones a pensar cómo sería volar, cuando, de repente, te sorprende el sonido de la chicharra de un vehículo, porque te has quedado parado en medio de la calle. Sigues andando y te preguntas por qué no has reaccionado frente a la agresión de ese automóvil, cuando te suena el teléfono; atiendes y es un amigo, hablan por unos minutos. Al cabo de unos minutos dejas de prestarle atención, porque ha pasado una muchacha bonita; lo dejas colgado y la sigues unos metros, imaginando el acto que harás para presentarte, cuando repentinamente un olor te cautiva. Giras y, siguiendo el olor, piensas qué bien te vendría un poco de comida. Descubres una panadería, entras, compras unos panes y sales caminando pensando en tomar algo. Después de caminar unas calles, recordando las actividades que debes hacer para el trabajo, te suena el teléfono. Es tu amiga diciendo que la dejaste en el local cuando le anunciaste que saldrías un momento a comprar un refresco. Te das la vuelta para ver dónde te encuentras, ya que no tienes idea de por dónde andas, y con el apurón te tropiezas con una baldosa levantada.

Esto sería una mente actuando en agitación mental mientras camina por la calle. No tiene orden y no se controla. Si tiene objetivos, los olvida, pero no está callada; es pura actividad mental descontrolada, distracción constante. Es la mente actuando sin un objetivo, en agitación (pueden aparecer efímeros objetivos que duran segundos, antes de ser reemplazados por los siguientes). En este modo de actuar, la mente va a ir accionando de acuerdo con los estímulos que aparezcan, tanto internos como externos. Para el caso del cuento que relaté, los estímulos eran la mariposa, cómo sería volar, el bocinazo, el rencor, el teléfono, la muchacha bonita, el olor a pan, el hambre ficticia, la sed ficticia, la ansiedad y las cosas por hacer. La mente estará hiperactiva, respondiendo a los estímulos que irán apareciendo.

Este modo de actuar nos trae inestabilidad, instala emociones inestables en el ambiente (que suelen resultar en emociones negativas), es caótica, no se controla, no se doma, no se canaliza, no se organiza y conduce a cualquier lado.

Es el modo de actuar menos eficiente de la mente y, paradójicamente, es el que con más frecuencia utiliza una mente descontrolada. Al no definir objetivos, no elegir direcciones ni organizar, y tampoco al saber silenciarse o mantenerse presente, esta mente estará yendo a cualquier lado, de estímulo en estímulo, lanzando pensamientos hacia todas las direcciones: recordando cosas, imaginando, proyectando, con expectativas, observando, exponiendo, juzgando, hablando de más, aturdiendo al mundo y aturdiéndose a sí misma. No hay actividad posible a realizar en este modo de actuar. Si se comienza, se abandona unos instantes siguientes; si se está haciendo algo, se hace desatentamente; si se está terminando, jamás se finaliza. En este modo de actuar, la mente se la pasa viajando en el tiempo (imaginaciones y proyecciones entre el pasado y futuro) y dedica un mínimo y escaso momento al tiempo presente. Es el modo de actuar de la mente en el que suceden todos los accidentes y negligencias.

DISPERSIÓN MENTAL

La dispersión mental es el modo de actuar de la mente que le sigue a la agitación mental. Aún la mente estará descontrolada, pero ahora ha surgido un punto, una media, un centro, un objetivo para alcanzar. Sin embargo, en este modo de actuar, la meta se mantiene inalcanzable.

A quienes han estudiado alguna vez estadística les resultará conocida esta palabra: dispersión. Para los matemáticos la dispersión puede explicarse fácilmente a través de la *campana de Gauss*; la dispersión indica la distancia que hay entre el centro de la campana (*la media*) y los lados de la campana, a cada grado o *nivel de confianza*. En una forma simple de explicarlo, la dispersión vendría a ser la distancia que hay entre los lados de la campana y su centro: cuánto se dispersa el centro de *sí mismo*. Se utiliza como herramienta para calcular probabilidades. Ahora bien, la dispersión mental es similar a la dispersión matemática; mide la distancia del centro. El centro vendría a ser el objetivo que se le planteó consciente o inconscientemente a la mente; la distancia, toda la actividad mental que aún hay alrededor (tanto cercano como lejano) de este centro.

La dispersión mental aún está lejos de concentrar, ni siquiera ha juntado las ondas mentales; sigue existiendo actividad mental descontrolada, repetitiva y caótica. Sin embargo, está más avanzada que la agitación mental porque ya incorporó un punto; el objetivo se ha definido.

Llegas a la clase de Educación Cívica. La profesora comienza a relatarte una montaña de leyes y, como no te interesa nada de lo que te están diciendo, te pones a observar a tu compañero de clase que te gusta; cuando te observa, disimulas la mirada y te pones a charlar con la amiga que tienes sentada junto a ti; luego dibujas sobre el cuaderno, revisas mensajes en el móvil, vas al baño diecisiete veces, observas la hora unas cincuenta veces, te preguntas cuánto más falta para que la clase termine; hasta que en algún momento suena el timbre. Te vas y nada supiste de lo que se habló en la clase.

Esto es lo que sucede en la dispersión mental. Al no haber interés o al no tener una mente educada, por más claro y definido que esté el objetivo (dentro de la clase, teóricamente, sería aprender), la mente estará yendo de extremo a extremo, con mucha actividad mental. En este modo de actuar de la mente se define el objetivo, se dan veinte vueltas alrededor de este, se construyen montañas sobre la arena, se dialoga internamente durante horas y luego, quizá, se vuelve al objetivo. Aquí aún se están generando mucha inestabilidad y problemas. Aún no ha aparecido siquiera la atención.

Si se quiere hacer un trabajo, construir una relación, realizar una obra, estudiar algo, leer un libro, hacer un cuadro, componer un tema musical, o cualquier otro objetivo que se planteen, será casi imposible de lograr con el modo de dispersión mental. Y si se hace algo, será un trabajo demasiado pobre. Imaginen por un momento una relación en un modo de actuar de la mente de dispersión mental: le hablas a tu pareja y con suerte oye la primera y la última palabra que dijiste, no pudo prestarle atención a lo que sucedió entre esas dos palabras. Imaginen por un momento un trabajo en una computadora en dispersión mental: te planteas el objetivo, revisas las redes sociales 3.657 veces, hablas por teléfono con más amigos de los que tienes, y vuelves al trabajo sin haber realizado ni una décima parte del trabajo que querías hacer. Imaginen ahora leer un libro en dispersión mental: comienzas a leerlo y vas a comer algo, vuelves y te rascas un pie, vuelves y enciendes la televisión, vuelves y hablas con alguien por teléfono; como resultado, avanzas medio capítulo en dos años. Toda actividad que queramos realizar en este modo de actuar irá por un camino minado.

Al igual que la agitación mental, este modo de actuar traerá muchos problemas: descontrol, inestabilidad y repeticiones mentales. La mente sin educación y descontrolada vivirá en estos dos modos de actuar (agitación y dispersión): si nada tiene que hacer, se la pasará de vacaciones en la agitación mental; si tiene algo para hacer, irá a la dispersión mental, acercándose poco y pobremente a su objetivo.

JUNTAR ONDAS MENTALES

Aquí es donde cambia el juego, aquí comienzan los modos de actuar de la mente que conllevan estabilidad. El poder mental crece a medida que avanza en sus modos de actuar.

Juntar ondas mentales es el modo de actuar de la mente que sucede cuando hemos definido un objetivo y el intelecto ha decidido dirigir la voluntad hacia este. Ahora la mente comienza a juntar todas sus ondas en dirección al objetivo; al focalizar su atención surgen cosas. Ahora será posible hacer una obra, construir una relación, trabajar con uno mismo y realizar cualquier cosa que la mente se proponga. La mente aplica su atención hacia un punto y, por más que aún pueda haber ciertas distracciones, deja de estar en modos descontrolados accionando hacia todas las direcciones (agitación o dispersión mental).

Al juntar ondas mentales, la *campana de Gauss* (que comenté en la sección «Dispersión mental») se encoje notoriamente; ahora la actividad mental estará rodeando el objetivo, nos hará accionar en su dirección y el margen de error disminuirá notoriamente (en dispersión mental el margen de error era muy grande; el objetivo podía ser el sur y se podía terminar en el norte). Al juntar ondas mentales, el alumno en la clase presta atención, se distrae por momentos y vuelve; quizá no entienda todo lo que le dicen, pero sus sentidos apuntan hacia allí. Al juntar ondas mentales, podemos escuchar lo que nos dice nuestra pareja; quizá no advirtamos todo lo que insinúa, quizá no podamos aún escuchar lo que manifiesta cuando no dice lo que dice, sin embargo, podemos construir una relación. Al juntar ondas mentales, podemos hacer la obra o el trabajo que nos propusimos; quizá incluya varios errores y haya que hacer correcciones, quizá no logre ser lo que planeábamos, sin embargo, podemos realizarlo. Al juntar ondas mentales, podemos observarnos y aprender de nosotros; quizá no nos conozcamos enteramente, quizá aún no podamos quitar todos los disfraces falsos, sin embargo, la atención en nosotros ya puede hacer un trabajo. En este modo de actuar la mente tiene el poder de lograr.

Imaginen una ducha lanzando agua sobre una bañera. En el modo de actuar de agitación mental, el agua saldría de la ducha, como también de las paredes, del suelo, del espejo, del inodoro; del mismo modo, las ondas mentales circulan por todos lados, descontroladamente. En el modo de actuar de dispersión mental ya hay un objetivo; sin embargo, es incapaz de realizarse. Ahora el agua sí podría brotar por la ducha, pero esta estaría pinchada por todos lados (incluso la tubería), y emergería tanto hacia la bañera, hacia los costados y hacia el techo. En el modo de actuar de juntar ondas mentales, aunque aún pueda distraerse, la mente apunta hacia un mismo sitio; la ducha funcionaría «normalmente» y lograría lanzar el agua hacia la bañera, cubriendo todos sus sectores y mojando quizá un poco de la pared y la cortina del baño. En el modo de operar que le sigue, concentración, sucedería algo mágico: la ducha se volvería tecnológica, podríamos mover una perilla que haría concentrar el flujo del agua y en vez de dirigirse hacia toda la bañera, el agua apuntaría hacia una única dirección.

CONCENTRACIÓN

Dónde se aplica la concentración, surge el milagro.

Este es el modo hacedor de milagros. Cuando la mente logra llegar al modo de actuar de la concentración, comienzan a surgir fenómenos espectaculares, el tiempo se dobla y la mente es capaz de realizar todo lo que se encuentra más allá de lo posible (hace posible lo que parecía imposible).

Si retomamos la imagen de la *campana de Gauss*, vemos que ahora la campana se ha puesto tan angosta que parece solo tener el péndulo interior; la mente no se va más y no está entreteniéndose con distracciones, aplica toda su atención en una misma dirección con miras a su objetivo. Si volvemos al ejemplo de la ducha lanzando agua sobre la bañera; ahora podríamos mover la perilla que hace concentrar el flujo de agua en una misma dirección. ¿Notamos lo que sucede cuando hacemos esto? La cantidad de agua y la presión que viene desde el tanque o las cañerías es la misma que antes, no ha cambiado, sin embargo, el chorro que sale desde la ducha tiene una presión muy superior a la que tenía cuando estaba lanzando agua en todas las direcciones. Si ponemos nuestro cuerpo en su camino, sentimos cómo el impulso de agua concentrada nos golpea el cuerpo. Lo mismo sucede con las ondas mentales. Si concentran las ondas mentales, se genera una presión inmensa; y no ocurre porque ahora haya más ondas mentales que antes, sino que las que hay están concentradas en una dirección hacia un mismo objetivo. Cambia nuestro mundo en este modo de actuar de la mente. Va a generar cosas interesantes. Así es como funciona una mente actuando en un modo de concentración; logra focalizar sus ondas mentales en una misma dirección y su poder tiene una presión muy superior a las experimentadas en los previos tres modos de actuar que revisamos.

Recuerda cuando en el colegio había una asignatura que no te interesaba y en vez de irte a darle un uso útil al tiempo que tenías, te quedabas dentro de la clase. Pasaba el año entero del curso y no habías logrado prestar atención; la mente estuvo entre agitación y dispersión, alguna que otra vez había juntado ondas mentales; sin embargo, poco habías logrado saber sobre los temas tratados en el curso. Hasta que un día charlando con algún compañero te enteraste de que la semana siguiente habría un examen. Aparecía la urgencia de vida o muerte —paradójicamente, las causas que más estrés le generaron a los seres humanos en el siglo XXI son, en primer lugar, la muerte de un ser querido, y en segundo, un examen de estudios—, entonces la mente descontrolada accionaba respondiendo a este estímulo. ¿Cómo respondía? Se obligaba a entrar en un estado de concentración: en una semana, gracias a una emergencia, la mente lograba concentrarse y podía estudiar todo el examen en esos días previos; te presentabas y aprobabas.

Quizá más de uno que lea este texto vivió una situación similar a la que acabo de relatar, sea en el estudio o en otra actividad. ¿No nos preguntamos qué había sucedido? Habían logrado estudiar y aprender hasta en una semana (siendo generoso, porque suelen hacerlo en uno o dos días) una materia que no habían entendido en todo un año y de la que no tenían idea de qué se trataba. Lo que ocurrió fue que, a causa de una emergencia y no de una educación mental, habían logrado entrar en el modo de actuar de concentración. El resultado es notorio y, si lo observan, descubrirán el poder que tiene una mente concentrada: pueden introducir en su entendimiento una materia de un año en unas pocas horas.

De la misma forma sucede, por ejemplo, cuando leemos un libro; si lo hace en un modo de actuar de la mente de dispersión, tardamos años en hacerlo y quizá nunca lo terminemos —pero sí cumplirá su función de objeto de decoración eterno sobre su mesa de luz—; si lo leemos en el modo de juntar ondas mentales, tardaremos un buen tiempo, pero lograremos hacerlo; si lo leemos en el modo de concentración, quizá en unos pocos días leamos el libro entero. Leemos el libro en concentración; miramos el reloj y descubrimos que pasaron quince minutos. Leemos el libro en dispersión; miramos el reloj, descubrimos que pasaron dos horas y ¡aún seguimos en la misma página!

Quizá el tiempo no se comporte linealmente y, aunque las manecillas de los relojes avancen a un ritmo constante, lo que podemos hacer, sentir, saber y experimentar en diez minutos cambia notablemente de acuerdo con el modo de actuar en que la mente esté accionando y recibiendo en esos diez minutos. A una mente en agitación o dispersión, los diez minutos se le pasarán volando y probablemente no haya hecho ni aprendido nada en ese tiempo; una mente en concentración puede hacer y aprender muchas cosas en esos diez minutos.

Otro útil ejemplo para comprender cómo funciona la concentración es el de colocar una lupa debajo del sol. Gracias al ángulo cóncavo del cristal, la lupa concentra los rayos del sol, y si la unión de sus ondas enfoca en un punto, lo calienta hasta la instancia de hacer fuego en este (pruébenlo; necesitan una lupa, un día soleado y una hoja de papel para prenderla fuego). La mente concentrada funciona de la misma manera que la lupa debajo del sol, concentra todas las ondas mentales en un mismo punto, en la dirección de nuestro objetivo y ¡hace fuego!

Todos los colegas exitosos que he conocido (el término exitoso lo utilizo para referirme a que logran hacer algo, más tarde hablaré con mayor profundidad sobre el «éxito» y el «fracaso») coinciden en que el modo de actuar que utilizan de la mente al realizar sus obras es de concentración mental. Los que hacen algo y lo logran han acudido frecuentemente a este modo de actuar. Sin embargo, no saben lo que están haciendo, no conocen sobre los modos de actuar de la mente y sobre la concentración, pero alguna vez por razones externas o internas se entrenaron en este modo y lo utilizan para realizar sus objetivos. Una mente concentrada, hace.

Una mente que se educa va a entrenarse en los modos de actuar para lograr la concentración cada vez que la situación lo requiera o su voluntad lo indique. Le dará un útil uso a su concentración y logrará objetivos planteados. Una mente descontrolada, si alguna vez entra en el modo de concentración, lo hará por la emergencia de la situación, lo hará sin darse cuenta; utilizará este modo de operar descontroladamente (a veces aplicándolo en objetivos inútiles, obsesivos o dañinos) y una vez realizado, volverá a su usual agitación o dispersión mental.

ANIHILACIÓN MENTAL

Llegamos al modo más avanzado de actuar de la mente. Es el único que puede aparecer luego de algo tan eficiente como la concentración. Este es el modo de la anihilación mental: cuando la mente se ha concentrado a tal punto que la actividad mental desaparece. En este modo de actuar las ondas mentales desaparecen del campo sutil —y si llegan aún a existir se han trasladado a otra dimensión, aún más sutil que el campo astral y mental—. Este es el modo de actuar que sucede cuando la mente se funde en el presente; es un estado mental que se suele conocer como meditación (tanto activa como pasiva).

Para llegar aquí hay que trabajar, no es algo que suceda por sí solo. La mente que se entrena avanza de escalón en escalón a través de los modos de actuar; sale de la agitación mental al definir objetivos; avanza de la dispersión a juntar ondas mentales cuando comienza a aplicar su atención en las direcciones hacia este objetivo, en accionar o en recibir de acuerdo con la elección realizada; logra la concentración tras práctica, organización y acción focalizada; y cuando se ha trabajado con perseverancia en la concentración, sucede la anihilación mental. Y digo «sucede» porque, a diferencia de los otros modos de operar, este es el único modo que no es generado por uno mismo; sino que se concibe a sí mismo cuando logramos acercarnos lo suficiente a él. Lo máximo que podemos hacer en un buen entrenamiento mental es lograr una concentración aguda y excelentemente aplicada. La anihilación mental, la desaparición de las ondas mentales, el silencio: suceden. Nos hemos acercado tanto hacia ese modo que, sin que nosotros podamos decidirlo y por su propia autonomía, en un instante hace que se disuelva la concentración y *seamos*. Este es el modo de actuar de la mente que se funde en un pleno presente, el modo de actuar de la mente de un ser en sí mismo, en su plena aceptación, perteneciendo a su esencia sin que haya nada que no le pertenezca.

Quien logra la concentración puede realizar cualquier cosa que se proponga como objetivo mientras viva. Quien logra entrar en la

anihilación descubre la alegría de ser, de existir, la celebración constante de una vida presente. Mientras que en la concentración se ha
revelado el bienestar y se hace posible el disfrute, en la anihilación,
deja de ser una posibilidad para ser una constante.

Hay dos tipos de meditación posibles: la activa y la pasiva. Si
las observan, descubrirán que ambas buscan que la mente pase del
estado de juntar ondas mentales a la concentración, para que por
sí misma sea absorbida por la anihilación y desaparezca toda actividad mental. En la meditación pasiva suelen hacernos sentar en
asana, acostarnos o acomodarnos en otra posición; nos guían para
que apliquemos nuestra atención en el tercer ojo, la respiración,
alguna parte del cuerpo, etc. (juntar ondas mentales), pidiéndonos
que nos mantengamos ahí y si viene algún pensamiento, lo dejemos
pasar y volvamos ahí suavemente (desarrollando la concentración),
hasta que finalmente, y sin controlarlo, logremos entrar en un estado meditativo (anihilación mental). En la meditación activa suelen
pedirnos que cantemos, bailemos, repitamos un mantra y otra actividad del estilo (juntar ondas mentales); nos mantengamos presentes
repitiendo esta actividad —y si nos distraemos, volvamos suavemente (desarrollando la concentración)— hasta que, finalmente y
sin controlarlo, logremos entrar en un estado meditativo (anihilación
mental). Como se puede ver, es un proceso que se desarrolla entre
los tres modos de actuar de la mente que generan bienestar.

Esta es una de las razones por las cuales cantar, bailar, practicar
relaciones sexuales, hacer deportes, disciplinas artísticas o trabajar
en cualquier labor tranquiliza a la mente. Es porque actúan como
medios para conducirnos a la anihilación mental, muchas veces este
modo de actuar funciona sin que siquiera nos demos por enterados.
Por otra parte, cuando la mente está demasiado descontrolada, estas

actividades no lograrán silenciarla; porque ponen su atención en la mirada del otro o en criticarse; cantan o bailan, sin entregarse por completo a la actividad; piensan mientras tienen relaciones sexuales; dialogan y repiten pensamientos mientras hacen deportes, trabajan o hacen su disciplina artística, y un gran conjunto de etcéteras.

¿Notaron que hay quienes necesitan trabajar porque si no, se desesperan? ¿Observaron que hay quienes necesitan estar haciendo algo porque si no, sufren?, ¿que hay quienes dejan de hacer una actividad y se vuelven locos? Esto es señal de una mente descontrolada que encontró en el hacer la única vía para acallarse y descubrir la anihilación; y que si deja de hacerlo, la mente vuelve al estado de agitación que conduce a un inevitable sufrimiento. Estas personas necesitan hacer lo que sea, incluso un trabajo perjudicial y monótono, para no soltar a esta mente descontrolada. La mente educada y entrenada no necesita una excusa así para descubrir la anihilación, sino que lo hace a través de una consciente voluntad que la dirige a la práctica y el entrenamiento.

Una mente en anihilación, al estar en un constante presente, volverá a sentir, podrá ver lo que sucede en su interior y en el mundo. Sea en forma activa o pasiva, la mente actuando en anihilación es la que podrá permitirles ser y abandonar toda capa de falsas personalidades. Este es el modo de actuar de la mente más saludable y eficiente.

MENTE CONTROLADA Y MENTE DESCONTROLADA

La mente descontrolada va a deambular entre los distintos modos de actuar de acuerdo con los estímulos externos o internos: afectaciones, emociones, reacciones, urgencias o una voluntad superior que la domine. Si no hay estímulos que la hagan moverse hacia la concentración o anihilación, se abandonará en la agitación (sospechando, escarbando, poniendo mínima atención a cada cosa, generando problemas, desestabilizando al ser) y en la dispersión mental (planteándose objetivos inlogrables, porque no puede juntar sus ondas mentales en alguna dirección).

La mente que se entrena y educa va a salirse de la agitación y dispersión, funcionará juntando sus ondas mentales para lograr concentrarse cuando tenga un objetivo y practicará la concentración para ser encontrada por la anihilación cuando no tenga que estar activa ni pasiva (dar o recibir algo).

La mente que ha hecho un gran trabajo de entrenamiento comprende muy bien cada uno de los modos de actuar y los domina; va a vivir en la anihilación excepto cuando se plantea un objetivo, entonces irá a la concentración para realizarlo con eficacia. Cuando la mente está enfocando todas sus ondas en forma concentrada hacia una dirección y hacia un objetivo, desaparece el hambre, la sed, no hay sueño; se desaparece el sentir. Es porque la mente está en plena actividad, todo nuestro ser se concentra en ese acto. Por el contrario, cuando la mente está en anihilación desaparece completamente la actividad mental y somos puro sentir. Está el sueño justo. Si tenemos hambre, nos alimentaremos solo de lo que necesitamos en su exacta cantidad. Si necesitamos movernos, lo haremos con la gracia de movernos con el mundo, y una gran lista de etcéteras. Esto sucede porque la mente está silenciada y el ser está sintiendo. Es entonces que esta mente hará que la utilicemos excelentemente cuando necesitemos accionarla (concentración) y se acalle excelentemente cuando no la necesitemos (anihilación). El primer estado nos conducirá a ser pura cabeza (pensar); el segundo, a ser puro corazón (sentir).

TRABAJO PARA HACER

Hasta aquí todo sobre las partes y los modos de actuar de la mente. Las partes son cuatro: la mente inestable, el intelecto, el subconsciente y el ego. Los modos de actuar son cinco: la agitación mental, la dispersión mental, juntar ondas mentales, la concentración y la anihilación mental. Las partes de la mente se comportan como islas independientes que interactúan entre ellas. Los modos de actuar se comportan como una escalera por donde avanzamos de un escalón a otro y así sucesivamente.

En resumen, las partes de la mente deberán ser trabajadas así:

- *Mente inestable:* permitirse dudar. Abrir la observación para expandir su mundo.
- *Intelecto:* decidir. Una vez que la mente inestable instala la duda, resolverla para poder avanzar.
- *Subconsciente:* reconocer. Sea lo que sea que es, que sea. Observarse y reconocer todo lo que haya guardado.
- *Ego: desidentificar* y expandir. Una vez que reconocemos algo en el subconsciente, *desidentificarse* para dejar de comportarse como un esclavo de aquella memoria, y expandirnos al identificarnos con lo desconocido.

Los modos de actuar, en resumen, se trabajarían así:

- *Agitación mental:* plantear objetivos para avanzar a la dispersión.
- *Dispersión mental:* aplicar nuestra atención en el objetivo para avanzar al estado de juntar ondas mentales.

- *Juntar ondas mentales:* mantener nuestra atención en el objeto de observación para avanzar hacia la concentración.
- *Concentración:* practicar la concentración en la actividad que se realice, para ser absorbido por la anihilación.
- *Anihilación mental:* mantenerse en un estado de plena presencia.

Estas son las bases. No sucederá mucho si no se trabaja y practica. Nadie puede hacerlo por nosotros. El mundo está demasiado acostumbrado a una forma inútil de actuar. Vivimos en el mundo de las pastillas: se cree que algo externo puede solucionar lo interno. No funciona así el trabajo del conocimiento de uno mismo. Lo de afuera son reflejos de lo que nos sucede, es nuestro mapa para descubrirnos. Pero una pastilla no puede hacer por nosotros el trabajo de conocimiento (y cuando digo pastilla proyéctenla también a maestros, cursos, milagros, suerte, y una gran lista de etcéteras). Todo esto depende de uno; la disciplina, regularidad, perseverancia, paciencia, son virtudes a cultivar para trabajar con nosotros. Para contar con una mente entrenada, no será suficiente con leer un libro, es necesario llevar la idea a la experiencia: practicarla, aplicando todos los conocimientos que se van absorbiendo.

Así será la forma de poder llevar este conocimiento intelectual hacia un sentir que les haga posible comprender la idea; llevarlo a su carne, y *ser* en lugar de *parecer*. Es sencillo, pero que sea sencillo no quiere decir que lo hagan. Es más, si un uno por ciento de las personas que leen este libro lo hacen, estaremos logrando algo muy grande. Es necesario saber lo que queramos y no solo eso, sino también atreverse a hacerlo y lograrlo. Como una señal más amable puedo decir que una vez que se comienza, el viaje se hace más cómodo; es como andar en bicicleta, sencillo para quienes ya lo saben hacer, pero arriesgado y difícil para quien no se ha atrevido aún. Y quien ya sabe andar en bicicleta sabe que a veces uno se cae para aprender a mantener el equilibrio.

Lo fundamental para que sea posible es que haya curiosidad. Si hay curiosidad, que funciona como misteriosa brújula de nuestro camino, hará que nuestra mente se interese por saber lo que hay ahí. Si hay interés en ello, podremos buscarlo. Una vez encontrado, no será aún descubierto; porque lo tendremos frente a sus ojos y aún no lo verán. Para que puedan descubrir lo que encontraron será necesario que lo sientan.

Quienes mantienen una mente descontrolada, construyen falsas personalidades, siguen mandatos que no les pertenecen y no van a estar interesados en lo que hacen. Entonces se encuentran con que no hay curiosidad. Por ende, no hay interés; por ende, la mente difícilmente se concentrará en estas actividades y volará descontroladamente a través de la agitación y dispersión mental.

Si se atreven a trabajar la mente inestable, el intelecto, el subconsciente y el ego y entrenarse en sus modos de actuar, descubrirán que el mundo a través del cual experimentan la vida cambia: desaparecen los trabajos inútiles, los estudios inútiles, las relaciones inútiles, las falsas personalidades que construyeron sobre su *ser esencial*, y comienza a salir a la luz lo que les pertenece. Quizá al principio sientan un mareo; al cambiar su mundo experimentan un primer momento de vértigo, hasta que se atreven a accionar en el nuevo mundo y avanzar hacia la próxima estabilidad. ¡Que eso no los detenga, si se atreven a entrenar a la mente, a seguir buscando!

EJEMPLOS

Los siguientes ejemplos son caricaturas. Solo funcionan a modo de muestra, para ilustrar las partes de la mente y los modos de actuar de una forma más práctica.

- El asesino en serie francotirador. Es alguien que no sale del ego limitado, identificado con una imagen muy rígida de *sí mismo*. No reconoce lo que tiene guardado en el subconsciente, no se mete en la mente inestable, pero tiene un gran desarrollo de la concentración. Alguien que es capaz de lograr la excelencia en lo que hace, pero no se pregunta con frecuencia si lo que realiza es útil o no, si se está aportando algo a sí mismo y al mundo, o no. Es alguien que ha avanzado con eficacia en los modos de actuar y ha logrado la concentración, pero no ha educado las partes de la mente. Entonces aplica la concentración a objetivos no reproductivos.
- El músico que no ha logrado mostrar su música. Es alguien que ha avanzado en el reconocimiento de lo que tiene guardado en el subconsciente, se atreve a entrar en la mente inestable y trabajar desde la creatividad, incluso puede que se *desidentifique* de su ego para componer canciones humanitarias y que sea capaz de ver al otro como una extensión del *sí mismo*. Sin embargo, no ha desarrollado los modos de actuar de la mente, no ha avanzado más allá de la dispersión y agitación mental. Entonces se queda en un estado de ensoñación, imaginando que toca, pero no toca; se imagina dando recitales para grandes públicos, pero está recostado en su cama sin salir de su habitación. Quiere realizar grandes cosas y salvar al mundo,

pero se despierta al mediodía, no logra aplicar su atención y se la pasa disperso.

- El exitoso pintor surrealista. Es alguien que hace un gran trabajo de reconocimiento de lo que lleva guardado en el subconsciente, accede a su mente inestable y se permite volver ahí repetidas veces. Quizá no trabaje mucho su ego. Desarrolla muy bien los modos de actuar, logrando con facilidad colocar su foco de atención donde diga su intelecto y desarrollar la concentración. Se transforma en un gran y creativo artista con fuerte poder de concentración y acceso a la mente inestable, sin servirle a la humanidad. Solo produce la obra para servirse a sí mismo.

- El exitoso servidor humanitario. Es alguien que reconoce lo que guarda en el subconsciente. Expande su ego quitando las definiciones e identificaciones limitadoras. Trabaja en desarrollar su intelecto y avanza eficientemente por los modos de actuar de la mente. Logra la concentración para aplicarla en su estudio y obrar, y administrar su tiempo en servir y dar algo útil.

- El gurú. Es alguien que reconoce todo lo que lleva guardado en el subconsciente, se expande y *desidentifica* de cada memoria, hasta lograr unir su ego con el del universo. Accede sin temor a la mente inestable una y otra vez para expandirse y abrir posibilidades, hasta lograr entrar en la santa aceptación, donde ya todas las opciones le forman parte. Desarrolla con excelencia los modos de actuar de la mente hasta lograr alojarse en la anihilación y vuelve a la concentración cuando debe ejecutar algún pensamiento, emitir alguna palabra o realizar algún acto físico.

CAPÍTULO 3

Entrenamiento mental

- √ Definir objetivos
- √ Práctica de la concentración
- √ Disciplina, regularidad, paciencia, perseverancia
- √ Presente
- √ Mente meditativa
- √ Silencio
- √ Una verdad

DEFINIR OBJETIVOS

Definir objetivos es una de las primeras actividades que debemos hacer para entrenar la mente. Como hemos visto, la mente inestable será la que abra las opciones, el ego se identificará con algunas de ellas, el subconsciente las pintará con nuestras memorias y el intelecto decidirá hacia qué objetivo dirigirnos. Definir objetivos nos dará un rumbo, una orientación, estabilizará nuestro andar, ayudará a entrenar los modos de operar de la mente, eliminará preocupaciones, e incluso será capaz, al darnos un propósito, de ayudarnos a volver al presente y utilizarlo con una causa detrás.

Se trata de definir objetivos a todo nivel; objetivos para la actividad que estamos realizando, objetivos para el día, objetivos para la semana, objetivos para el mes, objetivos para el año, objetivos para los próximos cinco años, objetivos para los próximos veinte años, etc. No hay inconveniente con ir cambiándolos; si toda la materia a través de la cual experimentamos el mundo cambia, permanentemente, también nuestros objetivos pueden hacerlo. Si trabajan en el entrenamiento de la mente, descubrirán que los objetivos superfluos irán desvaneciéndose poco a poco —a veces en el camino, otras veces luego de lograrlos— mientras que los objetivos que se mantengan serán los esenciales a nuestra existencia.

Un pequeño objetivo, casi instantáneo, nos ayudará a estabilizar nuestro andar próximo. Por ejemplo, escribir correctamente el párrafo en el que estoy trabajando y lograr expresar sencilla y claramente la idea. Este sería el objetivo que me planteo casi instantáneamente al estar escribiendo estas líneas. Es entonces cuando la mente organizará los conocimientos que tiene sobre estos puntos para dirigirme por esta dirección a cumplir con dicho objetivo. Simultáneamente, planteo otro objetivo: escribir este capítulo correctamente, que se expresen todas las ideas con sencillez y claridad. Es entonces cuando no solo voy con la atención en este párrafo, sino que también, en caso de levantar la mirada un poco más allá del presente, veré que sé adónde voy, tengo una meta fijada. Es entonces cuando la mente me guiará para ir escribiendo estas líneas y de vez en cuando levantaré la vista para descubrir cuánto me he desviado de la dirección hacia ese propósito del capítulo. Aquí también entra en juego el cambio. No me quedo rígido, agarrado de este empeño, sino que me permito la flexibilidad, si me desvío en el camino hacia ese objetivo, siempre y cuando siga haciendo este trabajo, dejo que suceda para ver hacia dónde me quiere llevar la mente (como un conjunto de consciente e inconsciente). Quizá me conduzca a escribir no solo lo que planteé como meta, sino también anexos y comentarios que no había considerado al comienzo y que, sin embargo, son tan útiles como los que había pensado (y a veces más). Si levanto la cabeza un poco más allá de mi presente y veo hacia los próximos días, semanas y meses, descubro que también hay un objetivo planteado: escribir un libro sobre la mente que sea claro, sencillo y lo suficiente mentiroso para que sea útil sin generar apegos. Veo hacia dónde estoy yendo, cuál es mi objetivo con este libro, y vuelvo a bajar la mirada a lo que estoy haciendo ahora, en este instante, en este presente.

Una mente descontrolada no tendrá objetivos planteados, estará vagueando, desesperando, respondiendo a estímulos, sin saber de dónde viene, dónde está, ni hacia dónde va. Una mente poco menos descontrolada, pero aún descontrolada, quizá se atreva a plantear objetivos, sin embargo, se desespera porque ve hacia dónde quiere ir, no baja la mirada al hoy, la deja pegada en el futuro, lo ve inalcanzable, y desespera. Como respuesta a eso, se tropieza con todo lo que hay por delante (porque no ve por dónde camina, está entretenida en fantasear sobre el futuro), o se desespera porque ve el objetivo y no sabe cómo lograrlo, quiere el objeto del deseo y no toma el deseo para hacer ahora algo con la potencia de este. Siente que es difícil porque está viendo allá a lo lejos y no ve nada acá; comienza a escribir la línea y renuncia dos días después porque sigue con la mirada en el futuro, no saborea las delicias de escribir lo que tenga que escribir ahora.

Al definir objetivos, la mente dejará de vagabundear sin rumbo; abandonará el estado de agitación mental para ir hacia uno de los modos de actuar con objetivo —desde la dispersión mental hasta la anihilación mental—. La diferencia, en el modo en que la mente opere de aquí en adelante, dependerá exclusivamente del trabajo y entrenamiento hecho. Si hay un pobre trabajo realizado, a lo único que podrá llegar es a la dispersión mental; seguirá habiendo problemas, pero por lo menos no se estará permanentemente en la actividad descontrolada y caótica de agitación mental. Si avanzamos un poco más allá, comenzará el bienestar, que puede alcanzarse juntando ondas mentales, logrando la concentración o llegando a la anihilación. Una vez que se hayan definido objetivos, la mente comenzará a utilizar el tiempo con eficiencia, para organizar y definir direcciones, y trabajar con lo que se le presente para lograr esos propósitos. Ya no estará divagando como antes, ahora tendrá metas por alcanzar.

Poner un objetivo es definir un punto hacia donde uno se dirige, y a continuación uno vuelve a su presente a organizar y trabajar tomando direcciones. A veces se logra, a veces no, a veces se logra otra cosa que no era necesariamente el objetivo que se planteó inicialmente. Todo vale y todo está bien. Lo importante detrás de esta actividad nunca fue el logro en sí, sino el trabajo realizado para lograrlo. Lograrlo es el trabajo hecho, el logro es el resultado. Uno se plantea un objetivo, trabaja para lograrlo y luego observa si el logro es el que se había propuesto u otro. El trabajo está hecho y eso es muy sano; para nosotros y todo lo que compone el nosotros.

Es importante también diferenciar los objetivos de las expectativas. No son lo mismo. Las expectativas son imágenes mentales, fantasías que tienen que ver con cómo nos imaginamos a nosotros o una situación. Una mente descontrolada se aliará con estas proyecciones y, gracias a esto, garantizará futuras frustraciones e insatisfacciones —ya que nunca sucede lo que uno se imaginó—. Si alguien quisiera lograr algo tal cual lo imaginó, debería tener una voluntad lo bastante poderosa como para influenciar no solo la voluntad de todas las personas que hay en el planeta, sino también de todos los astros del universo.

Los objetivos nada tienen que ver con las expectativas. Mientras las expectativas son imágenes mentales, los objetivos son puntos que nos ofrecen una dirección. Son tan útiles como los puntos en la lejanía en los que debe focalizar su atención un marinero mareado en un barco, en medio del océano, para recuperarse de su estado. Definir un objetivo es más simple que crear un castillo en el aire (expectativas); es elegir hacia dónde uno quiere ir y a partir de ello,

ENTRENAMIENTO MENTAL

con la mente, nos entretendremos en ver cómo queremos ir, y lo iremos haciendo.

Adicionalmente, al definir objetivos estamos enviando órdenes al universo, por ende, a nuestra vida. Habrá una causa y un propósito detrás de nuestro andar; la mente va a utilizar sus poderes en un cauce. Todas las formas de acciones que realicemos irán en esa dirección, consciente e inconscientemente. A partir de ahora nos daremos un rumbo y habrá un propósito detrás de cada pensamiento, palabra y acto que realicemos.

PRÁCTICA DE LA CONCENTRACIÓN

La concentración es la práctica fundamental de control mental. Una vez lograda la concentración, será fácil alcanzar este estado varias veces más. La mente que se concentra en cada actividad que debe hacer le da su fuerza a esa actividad, dobla el tiempo, ensancha el ambiente, focaliza su potencia y hace surgir el milagro. Una mente en concentración no desperdicia energía vital, no se distrae, ofrece lo mejor de sí misma y orienta al ser en una dirección. Además, al concentrarse la mente, se van revelando características ocultas del camino.

Para avanzar de la agitación mental a la dispersión mental, alcanza con tomar decisiones y definir objetivos. Para salir de la dispersión mental y entrar al primer estado donde hay bienestar mental (juntar ondas mentales), se debe colocar la atención en el objetivo. Para avanzar del modo de actuar de juntar ondas mentales y llegar a la concentración, es necesario mantener la atención en el objetivo.

La práctica es simple. Por ejemplo, dicen que el objetivo será leer este libro. Comiencen a leerlo y descubrirán que en algún momento se distraen y empiezan a hacer otra cosa. Un instante de autoobservación será suficiente para notar que se han desviado y volver a poner la atención en la lectura. Sigan leyendo. Si se distraen nuevamente, vuelvan a colocar la atención en la lectura. Sigan leyendo. Se distraerán otra vez más, otra vez más volverán a colocar la atención en la lectura. Sigan leyendo. Cada vez que se vayan, vuelvan. Con suavidad, sin luchar contra ustedes mismos, sigan leyendo. Esta práctica consiste en definir un objetivo, colocar la atención en la realización del objetivo y volver la atención al mismo cada vez que se distraigan. Descubrirán que la primera vez que se desviaron y volvieron a colocar la atención en el objetivo, estuvieron durante quince minutos distraídos. La segunda vez, diez minutos. La tercera vez, cinco. La cuarta vez, por dos. Y así sucesivamente, hasta que de repente se den cuenta de que se han distraído a los diez segundos. Sigan. De repente, se darán cuenta de que pueden mantener la atención en la actividad que están haciendo y si se distraen, al instante se darán cuenta y volverán a colocar suavemente la atención en la actividad. Repitiendo esta práctica, se irá desarrollando el poder de la concentración. Después de numerosas repeticiones, descubrirán que dominan con facilidad esta actividad y que logran concentrarse durante prolongados períodos de tiempo sin distraerse; y en el caso de que se distraigan, durará un solo instante, una partícula de segundo, y velozmente vuelven a colocar su atención en la actividad y a concentrarse en ella.

En caso de que no haya suficiente voluntad y que cueste mantener la atención en la misma actividad, se recomienda cambiar de entorno. Buscar un ambiente distinto al usual, donde no haya objetos de estímulo que quiten la atención de lo que se está haciendo. O elegir un ambiente donde otras personas estén realizando la misma actividad, ya que influirán positivamente en el trabajo de la concentración.

Alcanzarán la concentración de la misma forma que lograron aprender a leer, a escribir, a caminar, a manejar, a usar un teclado, un ordenador, una bicicleta: practicando. A medida que practiquen, mejorarán. A medida que practiquen, progresarán. Si se distraen, vuelvan. Si no pueden más, no luchen contra ustedes mismos, aléjense, tomen distancia y, cuando se sientan relajados nuevamente, vuelvan a la actividad a seguir practicando la concentración. Lo harán hasta que se den cuenta de que en un momento están en plena concentración, y si aparece una distracción, será solo como una suave brisa: pasará, los tocará y no los afectará. Se irá, y seguirán en su concentración.

Uno puede practicar la concentración con la actividad que quiera. Preferentemente es útil hacerlo con algo que nos guste. A medida que lo vamos logrando, se van descubriendo los resultados de la actividad que estamos haciendo, revelándose cosas que antes no habíamos visto. A través de la concentración podemos lograr y realizar cualquier objetivo que nos propongamos.

DISCIPLINA, REGULARIDAD, PACIENCIA, PERSEVERANCIA

«El 80% del éxito se basa simplemente en insistir.» Woody Allen

Esta frase fue dicha nada menos que por Woody Allen. Este hombre, a quien consideran un genio en lo que hace y que tiene más de cuarenta películas dirigidas, no dice que el éxito se deba a un golpe de suerte, a un azar divino, a un talento extraordinario, a un don inigualable. No. Dice que se debe, en mayor medida, a la perseverancia en lo que uno hace. Ha hablado de perseverancia como la gran medida para lograr.

Observen a alguien que haya logrado un gran desarrollo en cualquier actividad. Si lo examinan con atención, descubrirán que, además de emplear frecuentemente la concentración, la utiliza con disciplina, perseverancia y regularidad (y la paciencia entra como la cereza del postre, una posibilidad para que este trabajo sea en armonía y sin desesperar).

Pongamos el ejemplo de alguien que desarrollará grandes habilidades musicales con el piano.

Comienza desde cero, por menor impulso; golpea las teclas del piano, trabaja con sonidos primitivos, no sabe de notas, escalas, armonías, melodías, ritmos, menos de técnicas para colocar los dedos; solo se deja llevar por el instinto primitivo de sonidos casi chamánicos, golpea algunas teclas, luego otras, quizá encuentra un ritmo que le gusta y lo mantiene. Sigue practicando. Tras un tiempo de práctica, ya reconoce algunos sonidos, también ha cambiado la forma en que se sienta frente al piano, en que coloca los dedos; ahora su relación con el piano parece una danza más armónica y no tan salvaje. Sigue practicando y estudia sobre esta materia; descubre notas y las toca, descubre temas y los practica, armonías, melodías; va avanzando. Sigue practicando. Quizá lo inviten a unirse a una banda, ahora tiene que tocar algunas notas para cada uno de los temas; las practica en la casa y luego de repetidos intentos ya las automatiza y puede ejecutarlas en los recitales. Sigue practicando. Quizá ahora se le ocurra introducir alteraciones: cambiar algunas notas que tenía planeadas para los temas, porque le gusta más a su oído —que se va familiarizando cada vez más con los sonidos—. Sigue practicando. Lo invitan a tocar con otra banda unos temas. Cuando va a ensayar, descubre que no le cuesta tanto aprenderse los temas; es más, con un rato de escuchar lo que están tocando, ya puede entrar en sintonía con los otros músicos, armónicamente. Sigue practicando. Ahora se da cuenta de que puede tocar en el piano cualquier melodía que le muestren en cuestión de minutos; la programación ha entrado en su cuerpo y reconoce los sonidos; sus dedos saben a dónde ir sin que su mente lo ordene. Sigue practicando. Un día una niña se pone a cantar un tema que él no conoce, y advierte que, por el sonido de su voz, puede acompañarla con el piano. Sigue practicando. Llega un amigo a su casa y golpea la puerta, él va al piano y sabe qué nota suena como ese golpe; el amigo aplaude, él sabe qué nota suena como el aplauso. Ahora está desarrollando una inteligencia física tan ágil y precisa que sabrá cómo traducir a través del piano cualquier sonido que oiga.

Fue un cuento, un ejemplo de lo que sería alguien que trabaja con su concentración durante un tiempo prolongado, practicando con regularidad, disciplina, perseverancia y paciencia. Este hombre no solo entendió lo que estudiaba, sino que también logró sentirlo; y al sentir cada uno de los nuevos conocimientos, tuvo la capacidad de ejecutarlos con precisión. Ahora no solo sabe de música, sino que también siente la música y es capaz de hacerla.

En su estado primitivo, poco educado e inestable (al menos hasta que se la eduque), la mente va a odiar y rechazar la disciplina, la regularidad, la paciencia y la perseverancia. La mente aún descontrolada va a ser hipervolátil, siempre cambiante, saltará de estímulo en estímulo, buscando resultados inmediatos. Se aburrirá velozmente, tenderá a la pereza y a la inacción corporal (toda la actividad se reservaría para el diálogo interno mental). Por el contrario, la mente entrenada para lograr un estado de concentración, y quizá hasta anihilación, sabrá que la disciplina, la regularidad, la paciencia y la perseverancia son herramientas muy útiles para el trabajo consigo misma. Es entonces que trabajará para crearlas, desarrollarlas y mantenerlas. Son vías que conducirán a la mente a organizar y elegir direcciones más eficientemente para lograr los objetivos planteados.

Vale destacar que detrás de todo esto hay algo simple y específico: vivir feliz. ¿Cómo se vive feliz? Dejando de buscar la felicidad afuera y encontrándola dentro. ¿Cómo se encuentra dentro? Viviendo en un pleno presente, saboreando con todos nuestros sentidos, sin juzgar, lo que va sucediendo. ¿Cómo se vive presente? Entrenando la mente para trabajar en los modos de operar de anihilación mental y concentración. ¿Cómo se llega a la anihilación mental y concentración? Eligiendo conscientemente entrenarse para lograrlo. ¿Cómo se logra? Trabajando cada una de las partes de la mente y los modos de operar. ¿Cómo trabajan? Conociendo lo que son, para qué son, cuáles son sus cualidades, ventajas y desventajas, y cómo se entrenan.

Suceden cosas muy poderosas cuando se aplica el trabajo mental con paciencia, perseverancia, disciplina y regularidad. Y no solo lo saben, sino que también lo conocen. Lo han hecho desde que nacieron y cuando ya entra la programación en su cuerpo, lo olvidan; sin embargo están viviendo a través de experiencias vitales en este campo. Por ejemplo, caminar; alguna vez fue una misión imposible lograrlo, sin embargo, la práctica perseverante ha hecho que sepan y puedan caminar. Por ejemplo, nadar, andar en bicicleta, manejar un vehículo, escribir, hablar, leer, entre otros. Son prácticas que han hecho con paciencia, perseverancia, disciplina y regularidad para que ya estén incorporadas en ustedes (y la forma en que lo lograron pase al olvido). Del mismo modo, uno puede lograr esta autohipnosis, esta programación, en la actividad que sea. Es magnífico cómo sucede.

La mente aún descontrolada solo se entrenará de acuerdo a estímulos externos, urgencias y necesidades (como moverse, escribir, caminar, etc.); mientras que la mente que se entrena y trabaja en su educación puede ir más allá de estos estímulos, urgencias y necesidades, definir objetivos y lograrlos a través de una práctica con paciencia, perseverancia, disciplina y regularidad. Esta mente hará de cada obstáculo una oportunidad, podrá sobrellevar, enfrentar y superar cualquier situación y lograr lo que sea.

PRESENTE

Los modos de operar de la mente están todo el tiempo enfocados hacia delante y hacia atrás, hacia el futuro y hacia el pasado: proyectando, imaginando, con expectativas, definiendo objetivos, recordando, memorizando, repitiendo. La mente trabaja en el espacio temporal. En el hoy, la mente no puede accionar. Actúa desde el hoy, pero no puede pensar en el ahora, no funciona en el ahora. Quizá esto nos haga comprender que hay cosas que la mente no puede entender: no puede entender el amor, no puede entender el ahora, el misterio, a dios, el infinito.

Por eso no suelo hablar de dios, no hablo de la verdad; eso es algo demasiado grande: la realidad. Sé que al hablar de eso estaré fallando, al hablar de algo *permanente* a través de lo *impermanente* estaré mintiendo. La esencia es algo permanente. Nos podemos acercar, con una mente entrenada, podemos llevarnos hasta la puerta de la esencia, pero para entrar se necesita algo que está más allá de nuestro control. No puedo definir con palabras efímeras algo permanente, estoy mintiendo si lo hago. Son terrenos demasiado grandes. La mente no entiende eso, no entiende el infinito, no entiende el misterio, no entiende el amor, no entiende el presente, a dios. Saber que la mente no alcanza todo nos tranquiliza. Quizá veamos que todas las soluciones no son necesariamente mentales. Quizá haya soluciones que pasan por otros centros o por el misterio. La mente es buena para algunas cosas, para otras no.

El presente es el tiempo donde todo sucede y es el lugar donde todo está. Vivir en el presente hará que podamos volver a sentir y seamos capaces de percibir lo que ocurre a nuestro alrededor. Lo mejor que podemos dar de nosotros a cada momento está aquí (y ahora). En el presente es donde la mente se silencia, porque trabaja en el espacio temporal: entre un pasado recordado y un futuro imaginado, o un pasado imaginado y un futuro recordado. La mente en anihilación estará trabajando en un pleno presente.

Todo lo que nos sucede ya es pasado; mientras voy escribiendo estas líneas, a medida que aparecen sobre el papel ya dejaron de ser ahora y forman parte del pasado. Por otra parte, el futuro siempre será desconocido y es imposible predecirlo. Lo inesperado siempre vendrá y lo esperado no necesariamente.

El ahora, el presente, no puede agarrarse. Funciona como un puente, un *link*, un vínculo entre lo que será y lo que fue. Lo que es, el ser, está solo aquí. De la misma forma trabaja la mente; es el puente entre lo no manifestado y lo manifestado, entre nuestra esencia y nosotros, entre el alma y el cuerpo.

El ahora, el presente, incluye todo lo que necesitamos para evolucionar. Si hemos planteado un objetivo y la mente está trabajando para ir hacia este, todo lo que necesitamos para ir hacia ahí está ahora. ¿Quiere decir esto que el logro está ahora? Sí y no. No está el resultado, sino todo lo necesario en este instante para lograr el paso necesario en el camino para lograr ese resultado. La mente en pleno presente logra lo que sea; si nos hemos planteado un objetivo y nos entrenamos para actuar desde la anihilación y la concentración mental, la misma se permitirá ver lo que el presente dispone para llevar a cabo aquello que buscamos, organizar este presente y tomar lo útil para hacer lo que hace del mejor modo posible. Logrado el paso, instantáneamente avanza al siguiente, el presente a continuación, que nos presentará lo que requiere la nueva situación para organizar, tomar decisiones y hacer de la mejor forma posible al siguiente escalón.

Al estar, verán cómo danza todo a su alrededor. Podrán sentir. Si la mente está en otro lugar mientras están acá, se van a perder muchas cosas (lo que se dice «estar ausente»). Por eso algunos pueden estar más presentes en una situación sin encontrarse físicamente en el lugar, mientras que otros que se hallan físicamente allí pueden estar menos presentes. Si la mente está en otra parte, entretenida con opiniones, definiciones, juzgando o exponiendo puntos de vista, se va a perder muchas cosas que están sucediendo. ¿Cuántas veces han leído algunas hojas en forma ausente y cuando se dan cuenta, no recuerdan ni saben nada de lo que han leído? Entonces tienen que volver sobre sus pasos para releer lo leído un momento atrás, pero esta vez presentes, con la atención puesta en el texto.

Una mente que está aún descontrolada, es capaz de identificarse con sus puntos de vista y opiniones, solidificarlas, y ver el mundo a través de este casco mental. De esta forma se limita y evita vivir en el presente. Una mente que no se limita puede estar aquí (presente) y no allá todo el tiempo (futuro y pasado); observará claramente todo lo que sucede, le dará el mejor uso a su presente y se hará capaz de disfrutarlo y organizar todo lo que hay aquí para ir hacia donde quiera ir.

Otra cualidad del presente es la conexión con el cuerpo. La única forma de sentir al cuerpo es estando presente. Cuando la mente está en anihilación, puede sentir, y al sentir sabe cómo está cada uno de los órganos del cuerpo, se reconectará consigo misma y sabrá lo que necesita. Una mente en anihilación dialogará en el mismo lenguaje con el cuerpo. Una mente descontrolada estará desconectada del cuerpo y no lo sentirá. Al estar presentes, sabremos qué nos beneficia para este presente y qué no, qué nos es útil y qué no. Al estar ausentes, podemos absorber lo inútil al igual que lo útil, sin saberlo, porque estamos en la cabeza y no estamos sintiendo. ¿Recuerdan lo que sucedía cuando se lastimaban? Si la mente estaba ausente, no sentían el golpe; en el instante en que se ponían presentes, aparecía el dolor.

Todo lo que se construya se hará desde aquí. Todo se hace desde aquí. Avanzamos en un constante devenir, en una cadena de presentes: presente tras presente tras presente tras presente. Así es también como funcionan los animales. Ellos trabajarán en el presente inmediato, revisan el ambiente con plena atención y sin prestar atención a lo que piensan sobre este: desde lo instintivo van a estar aquí y ahora en forma constante.

Prueben a actuar como un animal durante un periodo de tiempo; entren a un cuarto y sean como un animal que ingresa en un espacio por vez primera; todo es nuevo, está muy atento, huele, observa, oye, siente.

Otra gran actividad para ver lo que sucede cuando estamos en el presente es preguntarnos si estamos respirando. ¿Estoy respirando? Si se lo preguntan, para poder responder, van a tener que colocar su atención en la respiración. En el momento en que colocan la atención en la respiración, para contestar la pregunta, no pueden pensar en otra cosa y no pueden especular mentalmente. Y vuelven a sentir.

Dos jóvenes se encuentran sentados sobre la arena, mirando de frente hacia el mar. Uno está contemplando la belleza del paisaje. El otro está esperando que el primero se vaya para meterse al agua y ahogarse.

El primero estaba presente en la situación, contemplando la grandeza del océano que tenían frente a ellos. El segundo estaba lejos del presente, metido dentro de su mente, viajando entre el pasado y futuro, atrapado por sus pensamientos, considerando el suicidio.

Me imagino una gran caverna y dos puertas en dos extremos de un infinito abismo. No hay nada que las conecte y estoy parado en una de las puertas, queriendo cruzar hacia la otra. Entonces me imagino que puedo construir un puente, pero no todo de golpe, sino que lo erijo a medida que voy caminando por este. El abismo sigue estando, pero dejo de estar tan atento a él. Paso mi atención a organizar lo mejor posible este presente, a construir el tramo del puente en el que estoy dando mi paso. Construyo solo hasta donde me llega el pie, y vuelvo a construir hasta donde me llega el siguiente pie. Construyo un poco más, otro poco más, y paso a paso voy edificando el puente. Si miro hacia delante, solo se ve un enorme abismo; lleno de desesperación, preocupaciones, dudas sin resolver, temores exagerados, problemas del futuro; sin embargo, si vuelvo a bajar la cabeza y mirar lo que hay aquí (en este presente), está todo muy bien. Doy lo mejor aquí, en este paso, en este instante, donde está todo claro y nada difuso. Construyo la firmeza en el suelo que piso para adentrarme al paso siguiente. No tengo por qué preocuparme por lo que no ha llegado, me ocupo de lo que está; no tengo por qué preocuparme de lo que no hay, me ocupo de lo que hay. Atento a cada presente voy construyendo el puente, paso a paso, hasta llegar a la puerta del otro lado del abismo.

Me visualizo al pie de un gigante castillo; maravilloso y espectacular, una obra humana y no tan humana. Todos a mi alrededor la observan en estado de shock, conmocionados por la grandeza de este enorme y bello castillo. Por un momento también estoy obnubilado por su inmensidad; sin embargo, al instante siguiente, bajo la mirada y observo una piedra en su base, junto al suelo. Luego de contemplarla por unos momentos, giro, veo un gran prado que hay detrás de mí y descubro una roca a los pies de un árbol, similar a la que hay en la base del castillo. Entonces me doy cuenta de que toda la importancia de este castillo está ahí, en la misma piedra que hay a los pies del árbol; una simple, hermosa y perfecta piedra. Me doy cuenta de que se trata de piedras, puestas una sobre otra, organizadas en una serie de presentes, de devenires, que hicieron de preciosas piedras sueltas un precioso castillo unido.

MENTE MEDITATIVA

Se llega a la anihilación mental a través de la concentración. Se logra la concentración juntando ondas mentales, precisamente, en forma consistente, con disciplina, regularidad, paciencia y perseverancia en un punto. Se logra juntar ondas mentales a través de un fuerte poder de voluntad. Se logra contar con una fuerte voluntad a través de un intelecto trabajado y aumentado. Se logra a contar con un gran intelecto a través de un trabajo sobre las cuatro partes de la mente. Se logra trabajar las partes de la mente a través de su conocimiento y una voluntad superior.

La concentración necesaria para llegar a la anihilación mental puede realizarse en forma activa o pasiva. No es algo que se haga, sino que somos absorbidos por este estado. Para que esto ocurra es necesario acercarnos lo suficiente para que la fuerza de las polaridades haga por sí misma su trabajo.

La forma del acercamiento puede ser de diversos modos: a través de la concentración (en cualquier actividad que hagamos), de la repetición de un mantra (meditación activa), de la meditación pasiva (concentrándonos silenciosamente en algo), del canto, de las relaciones sexuales, de una caminata, de la atención en la respiración, incluso el movimiento del cuerpo puede funcionar como herramienta para silenciarnos y acercarnos a este modo de operar de la mente tan saludable.

En resumen:

- Definiendo objetivos se pasa de la agitación a la dispersión mental.
- De la dispersión mental a juntar ondas mentales se llega prestando atención.
- De juntar ondas mentales a la concentración se llega al manteniendo la atención aplicada en un mismo punto por un tiempo prolongado.

- De la concentración a la anihilación mental se llega mante-
niéndose concentrado en el mismo punto durante un tiempo
prolongado.

Mantras

El mantra es la repetición verbal de una palabra o frase, a veces significativa, pero no necesariamente. El término *mantra* quiere decir
«liberar la mente». Se forma por dos palabras en sánscrito: *manaḥ*,
que quiere decir «mente», y *trāiate*, que quiere decir «liberación».
Funciona como la repetición de una frase significativa —que puede ser cualquier frase— que nos obliga a estar acá, porque cuando
estamos repitiendo una frase, lo que sucede es que no podemos estar
pensando, no podemos estar en otro lugar que no sea acá.

Cuando están repitiendo el mantra, si se observan, no están
pensando. Tampoco pueden estar proyectando, imaginando, fan-
taseando, o cualquier alteración abrupta de una mente descontrolada. Repetir el mantra nos obliga a volver a nosotros, a donde nos
encontramos. La repetición del mantra nos trae al ahora, tiempo y
espacio en el que sucede todo.

La mejor prueba es la experimentación. Ahora mismo, háganlo.
Elijan cualquier palabra y comiencen a repetirla. Mientras la repiten
intenten pensar en algo. ¿Ven lo que sucede? No hay pensamiento
posible. Pueden intentar pensar, pueden simular que están pensando, pueden hacer como que están pensando, pero no están
pensando. Lo que sucede cuando repiten el mantra es que la mente,
que estaba separada del cuerpo, vuelve a unirse. Ese cuerpo mental, que estaba viajando por el tiempo y espacio, vuelve al ahora.

Y es en este ahora que se une a los otros cuerpos, se alinea el ser y vuelve al sentir.

La repetición del mantra obliga al ser a volver aquí, al ahora, y cuando está aquí, volvemos a sentir. Al sentir, uno se reconecta consigo mismo (los *yo* que estaban separados se unen en un único *yo*) y descubre lo que percibe, lo que necesita, lo que desea, lo que está sucediendo. Cuando la mente está en otro lugar, pensando en el plano tiempo, el ser no se da cuenta de si tiene hambre o no, devora por programación; no se da cuenta de si tiene sed, no se da cuenta de si tiene frío, no ve nada de lo que sucede. Hasta el momento en que la mente se pone presente; entonces vuelve a ver y percibir. Cuando la atención está afuera no percibe; cuando la atención está dentro, sí. Imagínense la cantidad de desequilibrios que pueden generarse por pasar demasiado tiempo afuera, fuera del *sí mismo*, sin sentir.

Si van a un templo *Krishna* descubrirán la importancia que le adjudican al mantra. Saben que la repetición de un mantra puede conducirlos a niveles muy altos de conciencia. Ellos pasan casi todo el día repitiendo mantras, cantando y festejando (mientras repiten el mantra), cocinando (mientras repiten el mantra), haciendo los quehaceres del templo (mientras repiten el mantra), como los *bakthis yogis*. Conocen el poder de la repetición del mantra.

A la hora de elegir la palabra para el mantra, es útil recordar que cada palabra tiene miles de años de historia para formarse y construirse. Cada palabra tiene una historia extensa, por eso las afirmaciones son muy poderosas y es útil prestarles atención. Cualquier cosa que decimos (su construcción, su origen, su composición) conlleva una extensa historia.

Claro que hay palabras que se sienten más que otras, de acuerdo con la experiencia vital que cada uno haya tenido. Por eso es más significativo que uno elija una palabra que le represente algo que lo eleve, o una frase, como mantra, que decir cualquier cosa. Sin embargo, todas valen para cumplir el objetivo de lograr la anihilación mental y traernos al presente.

Una mente concentrada nos va a construir lo que deseemos, va a lograr todo objetivo que le demos. La mente nos vuelve locos si no está controlada; porque siempre quiere accionar, siempre quiere más. Por eso necesita actividades y objetivos, o una actividad (como un mantra) que la tranquilice y entretenga.

Toda frase es sagrada. No es necesario viajar a India, hacer *Diksha*, raparse la cabeza, que venga un ser a decirnos cuál es nuestro mantra en un idioma que no entendemos y repetirlo sin sentirlo. Un mantra puede ser un «Gracias» repetido, un «La cafetera de mi mamá me hace recordar los olores de mi infancia» o «sopa de tomate». Todo vale. Puede ser cualquier palabra o frase que se repita con disciplina y perseverancia. Si la frase nos lleva a una memoria o a un sentir que nos da placer, entonces tiene un doble poder. Lo mismo sucede si la frase nos puede sugestionar positivamente; podrían ser *mantras* «Gracias vida», «Libertad», «Soy hermosa/o», etc. Por tanto, la palabra o palabras que utilicen no solo funcionarán como mantra, sino que además podrán sugestionarnos. Es entonces cuando la elección de una palabra o frase significativa que tenga una resonancia positiva o neutra en nosotros será de doble utilidad; nos conducirá a la anihilación mental y nos estimulará.

Meditación

«La meditación es el resultado de la práctica de la concentración. Nos muestra claramente lo que tenemos adentro de la mente, cuáles

son los temas con los que nos entretenemos, y cuáles son nuestras tendencias psicológicas. Nos ayuda a desidentificarnos de estas tendencias y tener un mayor poder de control sobre la mente, nos abre al alma, al espíritu, desarrolla el discernimiento y la intuición, trae paz, serenidad y plenitud[3]».

La meditación, sea activa o pasiva, nos conduce a un estado de plena presencia y culmina en el modo de anihilación mental. El trabajo a realizar para llegar a este estado es interno. Al acercarnos, se descubre qué hay aferrado en la mente que no se está permitiendo liberar, con qué cosas se está entreteniendo, cuáles son sus tendencias psicológicas, qué hay guardado en el subconsciente sin reconocer y cuál es la base de nuestra profundidad. La práctica de la meditación nos ayuda a *desidentificarnos* y tomar distancia, haciendo que las problemáticas que parecían grandes tragedias ahora parezcan no más que una cómica anécdota.

La meditación activa es el resultado de una tarea que se realiza de forma repetitiva durante un determinado tiempo hasta que la mente entra en anihilación. El mantra es un tipo de meditación activa. Cualquier actividad que nos quite a la mente de su labor imaginaria y la haga concentrarse hasta el punto de desaparecer es una meditación activa: cantar, correr, nadar, bailar, respirar repetidamente, y una buena cantidad de etcéteras.

Por otra parte, a la meditación pasiva se llega a través de la no actividad, el no hacer. Este tipo de meditación es el más complicado porque implica un manejo del intelecto lo bastante hábil como para controlar la voluntad y que esta no autorice a la mente a entretenerse

---

[3] Lou Couture y Leandro Taub, *Sabiduría Casera, op. cit.*

con pensamientos, dejando pasar cada emoción e idea que vienen como una ola que surge y desaparece. Este tipo de meditación se suele practicar colocando el cuerpo en una posición *asana* y ubicando la atención en el tercer ojo, en la respiración, en una parte del cuerpo, entre otras formas: se fija la atención en un punto y luego, debemos estar lo suficientemente atentos como para mantener la concentración en eso hasta desaparecer al ser absorbidos por la anihilación. En este tipo de meditación no se debe luchar contra lo que viene; si llegan pensamientos, simplemente se dejan pasar, sin entretenernos con estos. Podemos observar cómo vienen y se van, sin detenernos ahí.

Respiración

La respiración es nuestro primer sostén de vida. Podemos respirar tanto voluntaria como involuntariamente. Podemos prestar atención a la forma en que respiramos, dirigirla, elegir cómo lo hacemos y educarla; también podemos no prestar atención a la forma en que respiramos y hacerlo en forma involuntaria, inconsciente, en un modo mecánico. La diferencia entre ambas actividades es de un gran trecho. La respiración automática nos dará un pequeño sorbo de aire, el mínimo necesario para sostener la gran máquina del cuerpo. Una respiración voluntaria y trabajada puede darnos un gran suplemento diario de bienestar y salud.

La respiración trabaja entre nuestro campo más sutil y el más denso. Trabaja entre el cuerpo mental y el cuerpo físico. Trabaja entre las ideas y emociones, los deseos y necesidades. Trabaja entre la mente y el corazón, el sexo y el cuerpo.

Cuando estamos en un estado emocional alterado, respiramos con el pecho; respiraciones agitadas y cortas en la caja torácica. Cuando estamos tranquilos, cuando estamos en un estado de calma, la respiración puede volverse profunda y enviamos el aire al estómago. Esta es la respiración que nos tranquiliza, es la respiración que hacen los bebés cuando duermen; la respiración abdominal. En un estado emocional muy agitado, nuestra respiración será corta, con el pecho. Un solo instante de atención alcanza para darnos cuenta de cómo estamos respirando y bajar la respiración a la panza: el estado emocional bajará junto con la respiración y nos tranquilizaremos.

Por otra parte, la respiración voluntaria y consciente nos ofrece otra gran herramienta: el control de la mente. Cuando situamos nuestra atención en la respiración, no podemos pensar en otra cosa.

Una buena respiración cura. Nos trae al presente. Nos obliga a juntarnos (con nosotros mismos) y sentir. Posiblemente gran parte del día estén trabajando en la mente y no estén sintiendo. Desde la mente están viajando por el tiempo, desperdiciando grandes poderes, sin estar acá, sin vivir lo que tiene la vida para darnos.

«Life is what happens to you while you're busy making other plans.» John Lennon

Además de trabajar nuestros estados emocionales y tranquilizarnos, además de obligarnos a volver al presente, además de silenciar la mente, la respiración consciente cuenta con otra gran ventaja: nos carga de energía vital. La *energía vital*, *prana* o *chi*, se encuentra en todas partes y en nuestro cuerpo. Toda la energía vital que tomamos procede del sol. La más sutil la tomamos a través del aire y la más densa a través de los alimentos. Una respiración voluntaria puede ofrecernos bocanadas más grandes de energía vital en su forma sutil de aire.

Respiración rítmica

La respiración rítmica también funciona como un eficiente mantra o meditación activa. No solo te obliga a volver al presente sino que además te carga con energía vital.

> La respiración puede ser consciente o inconsciente, puede ser voluntaria o involuntaria. Si lo hacemos de forma voluntaria, tomaremos más prana del aire, nos dará más energía que si lo hacemos de forma involuntaria. Por eso, aunque «gastamos» mucha energía en correr en el bosque, después nos sentimos con más ánimo, más fuerza y más energía… para lograr hacer respiración rítmica, cuando caminamos (en vez de estar perdidos en nuestra mente) podemos ir sintiendo nuestra respiración y ponerla junto a nuestros pasos. Tratar de hacer una respiración consciente sobre los pasos: por ejemplo inhalar dos pasos, exhalar dos pasos (cada uno ajusta su respiración con sus pasos). Y mientras vamos caminando sentirla, estar con la respiración. Hacer esto es mágico porque produce cambios rápidamente si somos regulares.[4]

La respiración rítmica no solo puede llenarnos de energía vital y darnos vida, sino que además funciona como mantra; si nos concentramos en realizarla consistentemente, nos trae al presente, nos

---

[4] Lou Couture y Leandro Taub, *Sabiduría Casera, op. cit.*

une con nuestro cuerpo y nos hace volver a sentir. Prueben a respirar profundamente, con el estómago —la llamada respiración abdominal—: mientras caminan, mientras esperan, mientras van en un coche, mientras hacen nada, mientras no hacen algo; repitan la respiración con la atención puesta en ella. Al practicarla, descubrirán que no solo están presentes, sino que estarán sintiendo y viendo lo que sucede. Dejarán de ir caminando por la calle como zombis —y descubrirán una gran cantidad de zombis que andan por la vida hipnotizados; que caminan por la calle, que trabajan en sus oficinas, que se relacionan con sus familias, que hacen vidas ausentes, siempre pensantes, sin atención a lo que sucede alrededor de ellos, porque están entretenidos en recordar y proyectar, en imaginar, sospechar, escarbar, dialogando internamente sin ver el mundo en el que viven y lo que va sucediendo a su alrededor—. Lo importante del mantra, sea cual sea, es que nos trae al presente y nos hace estar acá (en el ahora). Prueben repetir el nombre de una fruta que les haga recordar algo bonito; inventar cualquier palabra y repetirla; poner su atención en la respiración y contarla; mientras cocinan, mientras trabajan, mientras manejan, mientras se duchan, mientras caminan. Descubrirán el poder de volver al ahora.

SILENCIO

Una de las herramientas más eficientes para el descubrimiento de uno mismo es el silencio. El ser humano medio realiza miles de pensamientos diarios, y exterioriza muchos de ellos. Guardar silencio, no exteriorizar todo lo que viene a nuestra mente, oírnos a nosotros mismos, oír nuestros pensamientos y actos, oír nuestros estados, es una forma de autoobservación eficaz que manifiesta fricciones, contradicciones y afectaciones que no estamos queriendo reconocer.

La llamada «práctica del silencio» consiste en no hablar por un día completo a la semana, y si no se puede, por lo menos durante medio día. Durante esta seguimos realizando las actividades de nuestro cronograma diario, sin embargo en aquel día se hacen sin hablar. Esta es una práctica que se recomienda para observar a qué nivel estamos comunicándonos con los otros, de qué forma nos relacionamos, qué tipo de conversaciones tiene cada uno de los clanes en los que nos involucramos y cuáles son los impulsos que nos vienen —como una forma para reconocer las memorias ancladas en nuestro subconsciente—.

Por un lado, hacia fuera: van a ver a qué nivel están dialogando con el mundo, a qué nivel se relacionan con sus amigos, con su familia, con su pareja, con su trabajo, con su estudio; van a ver si la familia charla de ideas, de cosas o de otras personas. Son distintos tipos de conversaciones. También va a servir para autoobservarse. Que no puedan hablar no quiere decir que no piensen —a menos que estén en un estado de plena presencia, una meditación activa y pasiva andante e intermitente—. Excepto que ya estén entrenados en ello, van a pensar. Y al no exteriorizar sus pensamientos a través de actos o palabras, lo único que les queda es retorcerse generando más y más y más pensamientos, o comenzar a observar que están pensando. Estarán con la mente muy activa. Entonces, la podrán observar. Generalmente, no se la observa porque la están exteriorizando. Alguien dice algo, va a venir el impulso de opinar, pero no lo dicen. Entonces pueden observar lo que habrían dicho. Y pueden medirlo: ¿esto que iba a decir, era productivo? ¿Le daba algo a alguien? ¿Era útil? ¿Era inútil? ¿Tenía que ver con una exposición de mi vanidad? ¿Estaba sirviéndole al otro? Pueden ver todo lo que dirían sin decirlo. De esta manera se evalúan constantemente y se entrena la mente. Dicen sin decirlo. Ven cómo reaccionarían. Es una gran práctica para reconocer lo que tenemos dentro del subconsciente. Porque el subconsciente va a actuar frente a los nervios (no los musculares, sino los psicológicos). Si alguien nos dijera algo que nos afecta, generalmente reaccionaríamos. Pero si uno está practicando el silencio, no reacciona, entonces nos dicen algo que nos afecta, se toca el nervio, va a salir la reacción, y uno observa qué viene y desde dónde.

UNA VERDAD

No les puedo decir la Verdad, no la puedo explicar, si intento describirla, les miento. Es la que garantiza que todo lo que diga sea mentira. No la puedo describir, no puedo hablar de ella, en el momento que la quiera nombrar, fallaré.

Pero aquí no voy con esa, voy con otra. Al hablarles de la práctica de la verdad de otra forma. Aquí hablemos de la verdad como decir lo que pensamos y hacer lo que decimos. Se trata de practicar una congruencia y correspondencia con los mandatos que enviamos. Alinear nuestros poderes para potenciarnos. Respetar una verdad entre el pensamiento, la palabra y el acto físico que realizamos. Quiere decir que corresponda lo que pensamos con lo que decimos y con lo que hacemos. Al prestarnos atención para alinear estas tres cosas, cada acción que realizamos será apoyada por las otras dos. Entonces nos potenciaremos. Así, cada palabra, cada acto y cada pensamiento se hacen ley. Desaparece la necesidad de insistir, de repetir o de aturdir. Alineadas las tres formas de acción, lo que hacemos nos hace. Lo que hacemos empuja al mundo. Además, genera tranquilidad y calma, se deja de desperdiciar energía vital y se focaliza en las actividades que decidimos hacer. También se silenciaron diálogos mentales innecesarios.

¿Cuántos dicen una cosa y hacen otra?, ¿o prometen y hacen otra cosa?, ¿o hacen una cosa mientras piensan otra?, ¿o dicen algo mientras piensan otra cosa?, ¿o dicen lo que no hicieron o lo que no harán? Entonces después tienen que, inconsciente o conscientemente, ir cubriendo mentiras. Desperdician sus poderes y confunden su camino.

¿Cuántas personas se vuelven locas porque lo que perciben es distinto a lo que les dicen? Tienen padres que no los aman prácticamente, pero les dicen que los aman. O tienen una pareja que no los quiere prácticamente, pero les dice que sí lo hace.

> *El discípulo se acercó a su maestro, curioso por conocer el secreto de su gran sabiduría y capacidad de realizar espectaculares milagros. Al consultarle, se encontró con la respuesta del maestro: «Cuando como, como. Cuando hablo, hablo. Cuando duermo, duermo»[5].*

La práctica de una verdad —alinear el pensamiento con la palabra y el acto físico— es una herramienta fundamental para el entrenamiento de la mente. Además, tiene un poder detrás de esto, que es la red de causalidades que determina nuestro constante devenir en la vida. Todo lo que nos sucede es un resultado de nuestra

---

[5] Cuento escrito por Leandro Taub, basado en relatos clásicos de tradición oral.

interacción con el universo. La forma en que interactuamos sucede a través de las vestimentas de nuestra alma; lo que pensamos, lo que decimos y lo que hacemos. Ejecutar la práctica de una verdad nos hace prestar atención a nuestras formas de accionar, para poder correspondernos con nosotros mismos y evitar las contradicciones y fricciones que nos generan problemáticas. Será tomar consciencia de lo que estamos haciendo en sus tres formas. Como resultado de esta actividad se descubrirá que nada de lo que nos sucede es casualidad, sino que todo forma parte de una red de causalidades, que todo lo que nos sucede es el resultado de estos actos que hicimos previamente. Las casualidades desaparecen, las sinergias y coincidencias se ensanchan, deja de verse el mundo como un accidente tras accidente y pasa a verse como un resultado de este actuar.

Como resultados adicionales, prestar atención a lo que hacemos, decimos y pensamos, eliminará preocupaciones, estabilizará la mente, potencializará cada acto y economizará nuestra energía vital. Eliminará preocupaciones, porque, si hemos puesto nuestra atención en cada pensamiento, palabra y acto, entonces estaremos dando lo mejor de nosotros en cada uno de estos accionares. Hacemos lo mejor posible en cada uno de los instantes, no pudo haberse hecho mejor (el arrepentimiento desaparece) y tampoco hay otra cosa que podamos hacer más que lo que vamos haciendo en cada uno de esos instantes que aplicamos con atención (la preocupación desaparece). Estabilizará la mente porque deja de confundirla con mandatos cruzados, deja de contradecirse al hacer una cosa y decir otra, deja de desperdiciar tiempo en encubrir mentiras, y la mente encuentra un orden. Potenciará cada accionar, porque ahora cada uno vendrá apoyado por un pensamiento y palabras correspondientes; ahora cada cosa que se hace no solo tiene la fuerza del acto en sí, sino que viene acompañada por el pensamiento y las palabras que la empujan. Economizará energía vital, porque ahora esta se utiliza precisamente en pensar, decir y hacer cosas que sean útiles y que se correspondan; deja de haber alboroto por confusiones auto-producidas.

Lo mejor que podemos hacer por el otro es lo mejor que podemos hacer por nosotros. Lo mejor que podemos hacer por nosotros será practicar la verdad con nosotros mismos.

Abriendo la mente

INFINITOS PUNTOS DE VISTA

Hay muchos puntos de vista para analizar cada cosa. Los puntos de vista rígidos, con el tiempo, se solidifican cada vez más y nos limitan. Solemos pensar desde un lado rígido de ver las cosas. Lo que sucede cuando asentamos un punto de vista rígido en la mente, es que se solidifica (la opinión, la creencia, las ideas). Al solidificarse, no vemos el total de lo que podríamos ver. Entonces se crean límites. Construimos paredes que nos acompañan durante años.

Es útil jugar a cambiar los puntos de vista. Aunque la idea parezca clara, hay que dudar, acceder a la mente inestable para expandirnos. Tomar una idea y probarla, ver hasta dónde nos puede llevar y cuáles son sus límites. Entonces probar otra idea, ver hasta dónde nos puede llevar y cuáles son sus límites. Con una y con otra, y con otra más. Probar cambiar los puntos de vista, contradecirnos, expandirnos y salir de la falsa comodidad.

ESPACIO MENTAL

Sin autoanulación no hay aprendizaje posible. Ofreciéndole espacio a la mente se abren las posibilidades. Para darle espacio a la mente es necesario soltar los conocimientos establecidos, dejar de ver al mundo a través de lo que conocemos y permitirnos hacerlo a través de lo desconocido. Aunque el intelecto busque entender todo, nosotros no necesitamos hacerlo para poder expandirnos. Es más, buscar entender todo *coarta* contra la expansión. Definir lo desconocido a través de lo conocido no nos hará descubrir lo desconocido. Si no le damos espacio a la mente, no puede entrar lo nuevo. Si no le damos espacio a la mente, esta se identificará fácilmente con la emoción o el pensamiento que aparezca en el momento. Este espacio nos ofrecerá la posibilidad de desprendernos de las identificaciones. Si la mente se encuentra muy agarrada, darle espacio le dará la posibilidad de soltarse y ofrecerse otras posibilidades.

El ego sin trabajar estará identificado con los condicionamientos, los mandatos, las costumbres, los hábitos, las opiniones y las ideas. Se mantendrá agarrado a esas imágenes en el subconsciente. Al darle espacio a la mente se le ofrece al ego la posibilidad de alejarse un poco de esta identificación y observar.

Dar espacio a la mente es tomar distancia y funciona para cerrar etapas. Una mano que está sujetando algo no tiene espacio para tomar lo nuevo. Lo mismo con la mente; necesita contar con espacio permanentemente para poder expandirse y tener el terreno donde trabajar y continuar con su entrenamiento. Cuando uno toma distancia, todo se vuelve pequeño: los problemas, los objetos, las historias, las rivalidades, las diferencias; la vida misma. Mirando desde esta perspectiva, los «problemas» dejan de serlo. Al tomar distancia y darle espacio a la mente, pierde importancia meterse en algo que no sea útil.

Quien no toma distancia define a su *ser esencial* con la emoción efímera que está sintiendo, y la proyecta para toda la eternidad. Al ofrecerse espacio, se descubre que la emoción no nos pertenece y que nos acompaña por el tiempo que decidamos cargarla. Todo pasa. Las emociones son pasajeras, duran lo que dura la identificación con ellas.

Tomar distancia nos ofrece una imagen más grande de la pequeña circunstancia con la que nos encontramos identificados. No solemos ver la película completa, sino que vemos un pedazo pequeño de una singular escena. Darle espacio a la mente y tomar distancia no nos hará ver la película total, pero sí nos ofrecerá un cambio de perspectiva.

Se trata de tomar distancia para poder observar. Por ejemplo, si uno se sube a la montaña y ve a la ciudad desde ahí, distinguirá a todos moviéndose como si fueran hormigas. Cambia la forma con la que vemos las cosas. Sucede lo mismo cuando se viaja en avión, cuando se navega por el mar, o cuando se observan las estrellas por la noche; se ve la inmensidad del universo, la inmensidad de la película que estamos experimentando. Al hacerlo, la vida cambia de magnitud.

Si aceptan las emociones como son y las honran, estas duran una visita y pasan. Si las toman y las alimentan, o las rechazan y las alimentan; las emociones se preservan y crecen.

Al darle espacio a la mente, cambia el nivel de relajación y distanciamiento que tenemos de los objetos de afectación. Al darle espacio a la mente, logramos con más facilidad *desidentificarnos* de las memorias e instintos alojados en el subconsciente. Los grandes problemas, los límites y las solidificaciones suceden cuando nos identificamos rigurosamente y nos agarramos de la idea. Cuando tomamos distancia, nos alejamos de esta identificación. No nos separamos del mundo, sino de nuestro pequeño mundo. No nos separamos del otro, sino de lo que nos afecta en nosotros que vemos reflejado en el otro. Tomar distancia nos permite trabajar con nosotros mismos y mejorarnos.

Como ejemplo, miren las estrellas en una noche, miren desde arriba de la montaña y vean a todos caminar como hormiguitas, o párense frente al mar y vean la inmensidad del océano. Cuando uno toma distancia, todo se ve pequeño, incluso los problemas. Si uno viene demasiado agitado; darle espacio a la mente, tranquiliza.

Algunos ejercicios para lograr esto son:

- Poner el conocimiento establecido de lado para poder permitirnos ver otros puntos de vista.
- Reservarse la necesidad de exponer nuestros puntos de vista u opiniones.
- Ver por lo menos de cinco formas distintas cada uno de los eventos.
- No identificarnos con el primer pensamiento o emoción que nos viene.
- Escuchar música.
- Pensar en lo inmenso.
- Repasar grandes obras, grandes historias y grandes virtudes.
- Leer libros sagrados.

Le hace bien a la mente ser alimentada con cosas sublimes. Incorporarle cosas grandes, que la elevan: libros sagrados, naturaleza, algo que no quite el aliento y la coloque en un estado más allá de los conflictos humanos.

La mejor experimentación es con uno mismo, y a través de los opuestos fácilmente lo entendemos. Obsérvense y noten la diferencia entre los distintos estados: vean un noticiero y luego obsérvense; vean cómo se encuentran mentalmente y emocionalmente. Al otro día, en esa misma hora, vea un programa de naturaleza, en alguno que muestre paisajes, historias biográficas o grandes obras. Noten la diferencia, cómo se encuentran a nivel mental y emocional.

AUTOOBSERVACIÓN

La autoobservación es la gran herramienta para el trabajo del conocimiento del *sí mismo*, para el dominio de la mente y el trabajo en el entrenamiento mental.

Comencemos de la siguiente forma: mientras leen estas letras, sin quitar su vista sobre ellas, presten atención a cómo tienen el cuello, como están las piernas, a qué temperatura tienen las plantas de los pies, cómo se siente el estómago, presten atención a cómo está funcionando su respiración. ¿Pueden hacerlo? Si lo lograron; ¿qué fue lo que les sucedió? De repente, había dos *yo* en cada uno. Estaba el *yo* que leía estas letras, este libro; mientras que también había otro *yo* que los estaba observando y observaba cómo estaban efectuando esta lectura, cómo estaba su cuerpo, sus órganos y su respiración.

Si había dos yo: ¿quién eres? ¿Uno de los yo era verdadero y otro falso? ¿Ambos son verdaderos? ¿Eres muchos? Quizá el *yo* que está leyendo estas letras es el personaje; es el disfraz de tu *ser esencial*, son las capas de personalidades y formas adquiridas desde el nacimiento hasta este instante. Quizá el *yo* que te observó mientras leías es tu *ser esencial* o conciencia; el testigo silencioso que puede observarte.

Esto que acaban de experimentar es a lo que llaman desdoblamiento. No es tan complicado, lo acaban de vivir en un instante. Y si quieren lo pueden practicar ahora nuevamente; sin quitar la vista del libro, vuelvan a presten atención a cómo está su estómago, sus hombros, sus rodillas, sus ojos, sus labios, su sexo, sus emociones. Prueben también hacerlo mientras cocinan, o mientras caminan, o mientras están acostados. Cada vez que así lo decidan pueden acudir a ese testigo silencioso que convive en ustedes para autoobservarse y ver cómo están a todo nivel.

Esta es la gran herramienta, y la más poderosa, para nuestro trabajo. Cuanto más se autoobserven, más podrán ver cómo hablan, cómo piensan, cómo actúan, qué dicen, qué piensan, qué hacen; pueden revisar cómo se sienten, cómo está su cuerpo, sus emociones, sus deseos y necesidades. A través de la autoobservación pueden mantenerse vigilados y aprender de ustedes mismos. Y no solo eso, también pueden separarse del cuerpo y observarlo; descubriendo que no son solo el cuerpo. Pueden separarse de la mente y observarla, descubriendo que no son solo la mente y el cuerpo. Y, al tomar distancia de la mente y del cuerpo, pueden controlarlos y dominarlos; dejar de actuar como esclavos de sus cuerpos y de sus pensamientos, y pasar a ser su testigo silencioso, el que es capaz de observar la situación desde fuera y tomar el mando.

Si comienzan a realizar esta práctica, experimentarán un cambio absoluto de vida. Observen qué hacen y cómo lo hacen, observen qué piensan y cómo lo piensan, observen qué dicen y cómo lo dicen. Pasarán a tener control de sí mismos. Realizando esto se irán alejando de los pensamientos y emociones-reflejo, para pasar a pensamientos decididos. Realizando esto podrán descubrir fácilmente sus afectaciones y contradicciones; podrán descubrir cuáles son las memorias e instintos guardados en el subconsciente; podrán tomar distancia, darle espacio a la mente y *desidentificar* el ego.

A través de la autoobservación pueden descubrir, y sorprenderse de que quizá no estén siendo quienes son: quizá no digan lo que quieren decir, quizá no hagan lo que quieren hacer, quizá no vivan como quieren vivir. A través de la autoobservación pueden descubrir todas las mentiras que se dicen a ustedes mismos y cómo se las enseñan al mundo; buscando su aceptación y aprobación. A través de la autoobservación pueden descubrir si hay una vida falsa que se está experimentando y lo que su *ser esencial* les está pidiendo; pueden descubrir su profundo deseo y, si se atreven, lanzarse a su realización. A través de la autoobservación pueden descubrir las definiciones que se ponen y que le ponen al mundo, los límites mentales que construyen y, si se atreven, pueden desnudarlos, desmenuzarlos, liberarse, expandirse y seguir.

Si se observan, quizá se den cuenta de que se están olvidando de ustedes mismos. Que están trabajando a un nivel de apego absoluto con cada pensamiento y emoción que experimentan, en cada momento que sucede, y al instante siguiente ya se olvidan de lo sucedido para apegarse al siguiente pensamiento y emoción. Descubrirán que proyectan hacia el infinito esta identificación temporal, creyendo que esa emoción o pensamiento durará para siempre, tomando decisiones de vida de acuerdo con emociones y pensamientos temporales. Descubrirán que actúan en respuesta a las ideas locas que han guardado, que se salen de ustedes mismos, que no se recuerdan, que ignoran a su *ser esencial*, que ignoran al otro, que no se observan, que no actúan en base a lo que necesitan, desean, sienten o piensan, sino que avanzan como máquinas reaccionarias de accidente tras accidente.

A veces nos olvidamos de nosotros mismos, creemos que cada emoción es eterna, y actuamos de acuerdo con ella.

Practicando la autoobservación se descubre al *ser esencial* y las capas de *falsos yo*.

CAPÍTULO 5

Uno y el mundo

LA MEDIDA JUSTA

Utilizando la ley de causa-efecto (*karma*), si sentimos y experimentamos que todo lo que nos sucede es un resultado de lo que pensamos, decimos y hacemos, entonces, ser justos con nosotros —y, por ende, con el mundo— sería lo mejor que podemos hacer frente a cada circunstancia.

Hacernos justicia no trata de esperar que el otro nos dé lo que no sabemos darnos. Quien espera que el otro le dé quizá aún se encuentra bajo el arquetipo materno y paterno; espera que le den comida, casa, abrigo, amor, que todo esté servido. Quien ha avanzado un poco más allá de esa situación descubre que tenemos lo que damos y que construimos de acuerdo a lo que hacemos. Cuando vemos un poco más allá, podemos dejar de esperar que todo venga del otro y comenzar por nosotros, a ofrecer y a darnos.

En la actualidad, hay muchos que esperan; esperan que todo suceda y se angustian si nada sucede. Están aguardando que les den lo que no saben darse. Anhelan que una pastilla mágica les resuelva una enfermedad, que un método mágico les disipe sus traumas, que un mundo mágico haga su trabajo. Es útil pasar dándonos lo que nos merecemos y no esperar a que el otro lo haga por nosotros. De esta forma tomamos lo que necesitamos y nos quitamos lo que no va, tomamos lo que nos merecemos y ofrecemos lo que tenemos.

EL ACTO JUSTO

Al momento de accionar en el mundo, podemos observar desde dónde procede el impulso. Cuando digo «accionar», vuelvo a referirme a actos físicos, palabras y pensamientos. Es útil revisar cada uno de ellos y descubrir desde dónde surgen. No es lo mismo actuar desde emociones inestables que desde necesidades, no es lo mismo actuar desde deseos egoístas que desde los requerimientos de la situación.

En el trabajo de nuestra mente, es útil actuar desde el deber, las necesidades, las posibilidades, lo correcto, lo justo y los requerimientos de la situación. De la misma forma en que se revisa desde dónde actuamos, es útil evitar actuar desde deseos egoístas, emociones inestables, reacciones inconscientes e impulsos instintivos.

Las necesidades tienen más que ver con el plano físico, los deseos con el plano sexual. Las necesidades son básicas: comida, abrigo, casa, salud. El deseo tiene que ver con algo que brota. El deseo no se puede crear. Uno no puede crearle deseo al otro. Tampoco podemos borrarlo. Tiene que ver con lo instintivo y sexual de cada uno. Lo que sí podemos hacer es canalizarlo: en vez de ser una cosa caótica fuera de control, se puede canalizar y concentrar con la mente hacia un propósito.

Uno lo sabe. Luego hay que ver los engaños que nos hacemos. Antes de actuar, si uno se observa, puede saber de dónde viene el impulso. Es útil revisar desde dónde procede cada uno de nuestros actos y preguntarnos si la situación requiere que actuemos así o lo estamos haciendo por un motivo ajeno, algo dentro de uno que pide resolverse.

Hay una gran diferencia entre actuar según lo que la situación requiere y actuar según egoísmo, reacciones o emociones inestables. La diferencia entre ambos actos es enorme, se trata de lo que le lanzamos al mundo y nuestro juego con la manifestación.

¿Qué es lo mejor que puedo hacer por el otro? Es lo mejor que pueda hacer por mí. Ayudándome ayudo al otro. Todo lo que le dé al otro me lo estoy dando. Lo que haga bien por mí lo comparto. ¿Negar al otro? ¿Reprimirlo?

¿A QUIÉN LE PERTENECE EL REGALO?

Si te dan un regalo y no lo aceptas, ¿a quién le pertenece?

Pueden ofrecerte un regalo que sea, por ejemplo, una bolsa de insultos y agresiones. Al no autorizar esta agresión, al no tomar este regalo, le seguirá perteneciendo al que lo ofreció. Si no lo tomas, sigue siendo el problema del otro. Si lo tomas, lo haces tu problema. ¿Es útil reaccionar? ¿Hay algo útil en la reacción? ¿Qué sucedería si se reacciona? ¿Es necesario demostrar algo?

Si te dan un regalo que no aceptas, ¿a quién le pertenece? Hay un juego perverso en el que alguien carga con una energía negativa y avanza para transmitírsela al otro. Mientras muchos reaccionan y entran en el juego, quien no lo hace se protege. ¿Defender la vanidad es razón? Para una mente descontrolada, lo sería. Una mente controlada actuará si la situación lo requiere; si hay amenaza o se pone en peligro la salud de uno u el otro. Si es un juego verbal, una actividad vanidosa, la mente controlada no tiene razones para participar. Una mente controlada utiliza el impulso de la reacción, no para exteriorizarla hacia una contienda, sino como herramienta para ver cuál es el nervio que toca; reconocer la memoria guardada en el subconsciente y la identificación del ego. De esta forma tomaría la agresión externa para trabajar sobre sí mismo, observar su oscuridad y descubrir por qué esto lo habría hecho reaccionar. De esta manera utilizaría el reflejo de sí mismo sobre el otro como herramienta para la autoobservación y el descubrimiento de su *ser esencial*.

Quizá esta es la razón por la cual hay un gran agradecimiento por los supuestos «enemigos». El contrincante, a diferencia de alguien que nos apoya, será el que nos estimule y nos ayude, sin siquiera quererlo, a descubrir cuáles son las fricciones y contradicciones internas que aún no hemos reconocido. Estos «enemigos» nos provocarán de todas las formas posibles y, si por alguna de ellas nos sentimos afectados, entonces nos han brindado un mapa con la señal precisa de dónde se encuentra uno de los tesoros de nuestro autodescubrimiento.

De la misma forma, a la inversa, funciona el piropo. Cuando creemos en las cosas bonitas que alguien viene a decirnos, puede surgir la vanidad. En caso de que la vanidad se vea inflada, en caso de que el ser se identifique con alguno de los piropos, allí también habrá trabajo para hacer. Muchos no lo ven: toman el piropo, alimentan su vanidad, fortalecen su identificación con esas imágenes y no aprovechan la gran oportunidad que les está ofreciendo el otro para el trabajo consigo mismos. Si observan cómo ha cambiado su ánimo y por qué, encontrarán que también ahí se encuentra una identificación del ego sobre alguna memoria en el subconsciente que es útil trabajar:

reconocer, *desidentificarnos* y soltar, para seguir expandiéndonos hacia una unión con nuestra divinidad que todo incluye.

En cambio, la mente descontrolada manifiesta sus límites y conflictos internos sin resolver. Así sucede con todas las personas que van a atacar o agredir a otro. ¿Por qué lo hacen? ¿Hay algo oculto detrás de ello? Quizá estén exteriorizando su sufrimiento, su incapacidad de observarse y reconocer lo que les está pasando y, como no pueden trabajarlo consigo mismos, lo verán reflejado como algo que les molesta en el otro. Quien no hace ningún tipo de trabajo interno creerá que el otro es responsable de ese sufrimiento con el que cargan y lucharán contra el otro, buscarán provocarlo, intentarán destruirlo, con el objetivo de destruir su propio sufrir. Quien se limita suele exteriorizar sus límites y reflejarlos en el otro.

Quizá, en vez de exteriorizar los propios límites, uno pueda observar el impulso de lo que está por hacer o decir, o revisar el pensamiento que se está generando. Detrás de todo ello se encuentra lo que está dentro clamando por atención y revisión. Quizá, en lugar de exteriorizar, lo que podemos hacer sea revisarnos, tomar cada impulso como una oportunidad de autoobservación, y luego, para no reprimirlo ni guardarlo, expresarlo a través de una canalización útil. No exteriorizarlo hacia el otro, invitándolo a juegos perversos, sino expresar de una forma útil, creativa y reproductiva para uno mismo.

PENSAMIENTOS Y EMOCIONES-REFLEJO

«Cada objeto, palabra e idea trae a la mente un pensamiento correspondiente a este tema, una idea, una memoria o una opinión ya esta-

blecida desde hace mucho tiempo. Entonces nuestro mecanismo de respuesta nace a partir de aquí. Cada vez que alguien nos habla sobre algún tema vamos a responder con el pensamiento correspondiente preestablecido. Muchas veces queremos decir esta idea, transmitir este pensamiento correspondiente, aunque no sea necesario. Para no encerrarse en este comportamiento de respuesta automática es recomendado, por un lado, tratar de resistir a la impulsividad de repetir siempre lo mismo acerca de este tema (ver también la práctica del silencio); por el otro lado, podemos tratar de ampliar nuestras respuestas acerca de esta palabra o idea, buscando otros recuerdos, otras sensaciones, y nuevas ideas.»[6]

Los pensamientos y las emociones-reflejo son reacciones impulsivas que nacen como mecanismo de respuesta frente a un estímulo externo que toca un nervio interno. En el subconsciente tenemos guardados memorias e instintos con los que el ego se encuentra identificado. Cuando alguien dice o hace algo que resuena con alguna de estas identificaciones (nos toca un nervio interno), como mecanismo de respuesta surge un pensamiento o emoción-reflejo. Por tanto, cada vez que viene el impulso de una reacción —a nivel pensamiento, palabra o acto— tenemos frente a nosotros la oportunidad de reconocer algo que no estamos viendo; frente a nosotros se ha presentado al estímulo que nos tocó un nervio. Si lo tomamos como una oportunidad, podemos, en vez de reaccionar, darnos la vuelta, explorar nuestra oscuridad y tomar ese impulso reaccionario como una linterna para ver cuál es la memoria que se encuentra anclada en nuestro subconsciente y está pidiendo ser reconocida.

---

[6] Lou Couture y Leandro Taub, *Sabiduría Casera, op. cit.*

Son programaciones que salen a la luz. Se expresa como un mecanismo de defensa o de lucha. En vez de reaccionar podemos observar.

EJERCICIOS DE AUTOOBSERVACIÓN

Algunas herramientas para nuestra autoobservación, descubrir lo que tenemos guardado en el subconsciente y reconocerlo, son:

- *Observar las repeticiones.* Todo lo que repetimos (palabras, pensamientos, actos en formas de hábitos) está hablando de una programación interna. No existen dos días iguales; de la misma manera no tendrían por qué existir dos pensamientos, palabras o actos iguales. Si esto ocurriera, estaría operando una programación alojada en nuestro subconsciente, con la que el ego se encuentra identificado. Revisar si hay reiteraciones en nuestro comportamiento y forma de actuar en el mundo nos será útil para ver qué es lo que repetimos, por qué lo estamos haciendo y qué es lo que ese patrón nos está diciendo.
- *Practicar el silencio.* Cuando hablé sobre el silencio unos capítulos atrás, escribí que podía ser útil mantenerse callados en una situación y después observar qué hubiesen dicho. Estarán autoobservándose. Verán cuáles son las reacciones antes de reaccionar; cuáles son los impulsos que vienen en forma de actos, palabras o pensamientos; descubrirán los pensamientos y emociones-reflejo, y así podrán ver cuáles son los nervios que se vieron afectados; será un mapa para descubrir otras memorias guardadas en el subconsciente e identificadas por nuestro ego.

- *Hacer pausa antes de responder.* En vez de reaccionar frente a todo estímulo externo, es útil hacer una pausa antes de responder. Esta pausa nos será útil para revisar si lo que vamos a decir o hacer tiene alguna utilidad, si está ofreciendo algo valioso para el otro o no. Es útil para descubrir desde dónde estamos por decir o hacer eso que diremos o haremos, el motivo que lo impulsa y el objetivo que persigue.
- *Hablar más lento.* Si cambiamos el ritmo de nuestro diálogo, podremos prestar mayor atención a cada palabra que decimos; y no solo a la palabra en sí, sino también a la forma en que la decimos. Si hablamos más lento, tenemos la oportunidad de autoobservarnos mientras hablamos. Entonces, podremos revisarnos mientras realizamos el acto.
- *Ampliar campo de respuestas.* Esto es útil para salir de las programaciones solidificadas. Al ampliar el campo de respuestas, estamos permitiendo a la mente inestable acceder y cambiar nuestro mundo; abrimos las posibilidades y, si accionamos con el intelecto para tomar decisiones, nos ofrecemos la oportunidad de expandirnos a medida que actuamos en el mundo. Ampliar el campo de respuestas nos expande.

NO TOMARSE LAS COSAS PERSONALMENTE

No se trata del mensajero, tampoco del mensaje, sino de lo que resuena en nosotros proyectado en la parte que escuchamos del mensaje. Hay quienes hacen una gran historia frente a cada cosa que escuchan; creen que todo lo dicho va dirigido hacia ellos, incluso lo que leen, lo que oyen en la calle, en la televisión, en un diario, en una charla ajena; todo les resuena, todo es una señal para ellos. Esto tiene algo de falso y algo de cierto. Sería falso interpretar el mensaje de modo literal y creer que el mundo gira a nuestro alrededor, y las cosas son como el otro las dijo; en estos casos el mensaje del otro nos afectará y reaccionaremos de acuerdo con este, modificando el comportamiento de acuerdo con el punto de vista u opinión del otro, construyendo capas y capas de disfraces sobre el *ser esencial*, encubriéndolo con falsas identidades y personalidades construidas por imitaciones raras, ejemplos raros. Esto supondría actuar según lo que el otro dice (para ser amado, creyendo que si uno es lo que es y no lo que el otro quiere que sea, no tendrá derecho a recibir amor). Sería verdadero, si no tomáramos el mensaje literalmente, sino como señal para observarnos, ver que nuestra mente permite que oigamos exactamente lo que tenemos que oír, no para que sea una señal literal, sino para que descubramos lo que está oculto en eso. Detrás de todo mensaje que nos resuena se encuentra la señal que debemos oír para el descubrimiento de nosotros mismos.

Quien no ha trabajado consigo mismo reaccionará enojándose o alegrándose con el mensajero. En este caso quien que dice algo que al otro no le gusta será condenado. Esta condena se da por ser el emisario de un mensaje que nada tiene que ver con el mensajero. Por el lado contrario, quien dice algo que al otro le gusta será premiado, creyendo que hizo algo bueno por el otro. El mensajero fue solo un mensajero, quien transmitió el mensaje, nada tiene que ver con lo que le resuena al que recibe el mensaje.

Luego estarán quienes han hecho algo de trabajo consigo mismos; no se enojarán o se alegrarán con el mensajero, pero sí se enojarán o se alegrarán con el mensaje. Aún no son libres de las circunstancias, aún están identificados con el mensaje y se lo toman personalmente; actuando emocionalmente en respuesta a lo oído.

Finalmente, están quienes hacen un gran trabajo de descubrimiento de sí mismos; ellos se separarán del mensajero y del mensaje. Lo que rescatarán será la parte del mensaje que resonó en ellos. No reaccionarán de acuerdo con esto, sino que tomarán esa resonancia como una oportunidad para observarse y ver qué es lo que les afecta del mensaje y cómo. Con esta oportunidad podrán aprovechar cada uno de los mensajes recibidos como un mapa de sí mismos.

Una mente descontrolada fácilmente se tomará todos los mensajes personalmente, y no solo eso, también armará historias fantásticas alrededor del mensaje, generando un efecto bola de nieve, forjando una gran problemática a partir de una pequeña excusa. Este tipo de actividad generará mucha inestabilidad mental y, como resultado, mucha inestabilidad emocional. Tiene que ver con el modo de operar de agitación mental junto con un subconsciente, ego, mente inestable e intelecto no trabajados.

> Me dijo adiós con un tono de voz distinto al que me lo dice usualmente. ¿Será que está enojada conmigo? ¿Será que ya no me quiere más? (…) Y la semana pasada, cuando estábamos cenando con mi amigo Ernesto, ella le hablaba muy amigablemente. ¿Será que ambos me están engañando? ¿Están teniendo un romance? (…) Y ayer a la noche, me preguntó cómo me estaba yendo en los negocios. ¿Será que quiere divorciarse y está midiendo cuánto me va a quitar? (…) Y también me preguntó sobre mi salud. ¿Será que están planeando con Ernesto asesinarme, quedarse con mi fortuna e irse juntos?

Quizá suene gracioso este ejemplo, pero así es como muchas mentes funcionan. A un nivel de descontrol tan grande, que crearán una gran historia y sospecha a partir de una excusa tan simple como el cambio del tono de la voz cuando otro les habló. Esto es lo que hace una mente descontrolada; se deja llevar y sobre una pequeña cosa puede generar un gran problema. Luego, esta mente descontrolada actuará con su amigo y su pareja de acuerdo con esa imagen mental generada; no los tratará con dulzura, sino con sospecha, e incluso será capaz de recrear la proyección que ha imaginado.

LAS OPINIONES

A veces la mirada del otro, la interpretación de la mirada del otro, las opiniones, el qué dirán y sus vicisitudes, entran en gran juego en el accionar de la persona. Muchos hacen cosas no porque así lo quieran, sino por complacer al otro. No se siguen a sí mismos, sino que siguen al otro. Actúan de acuerdo a cómo creen que el otro pensará. No dicen lo que quieren decir por temor a cómo lo tomará el otro. No hacen lo que quieren decir por temor a cómo lo tomará el otro. ¿Cuántas veces al día una persona dice lo que quiere decir y hace lo que quiere hacer? ¿Cuántas veces al día no dice lo que quiere decir y no hace lo que quiere hacer? Quizá se trate de dejar de trabajar en consecuencia del otro, sino en consecuencia de uno mismo. Y cuando se trabaja en consecuencia de uno mismo, será útil seguir a lo que dicte el *ser esencial* y no las falsas personalidades construidas en función de comparaciones.

Actuar por sí mismo salva al mundo, actuar por la interpretación ajena confunde las cosas. Es como perder el presente por temor al futuro, no vivir lo que hay ahora para garantizar lo que no se puede garantizar. Si uno se cultiva adentro, dará lo mejor para afuera. Siempre habrá una opinión que va a encontrar el lado negativo. No hay problema con que suceda eso; el problema sería hacerle caso a eso y actuar sobre la base de eso; tomar nuestras decisiones basados en lo que el otro pensaría. El problema no son las opiniones, sino creerle a las opiniones. Al creerles uno las está tomando; se identifica con ellas, las acepta, las incorpora, las deposita en el subconsciente, el ego identifica al *ser esencial* con esa opinión, se define por ellas y comienza a actuar en función de ellas. Así construye falsos personajes: personalidades construidas según las opiniones, disfraces que se adecuan a satisfacer la mirada del otro. Estas falsas personalidades ocultan al *ser esencial*, uno se rodea por ellas para presentarse frente al mundo, bajo el pedido de ser amado; creyendo que no lo amarán como es y que necesita satisfacer al otro, incluso a costa de ir contra sí mismo, para recibir amor.

No necesitamos todo lo que nos viene. No necesitamos cosas inútiles dentro de nuestro mundo. No tenemos que tomar todo lo que viene por el solo hecho de que viene, y aceptarlo. Mucho de lo que viene no es para nosotros, sino que es la exteriorización de alguien que no está haciendo el trabajo consigo mismo. No toda crítica, opinión y puntos de vista nos están hablando. Si uno acepta y toma para sí toda opinión que nos dan sobre nosotros mismos, se acabó el juego. No habrá posibilidades de evolución, solo será un accidente tras accidente, siguiendo una corriente enferma. Siempre habrá opiniones en contra, haga lo que se haga. La sociedad en su generalidad hoy hace lo que no quiere para obtener lo que no necesita. Seguir una manada descontrolada no será la mejor herramienta para el descubrimiento de nuestro *ser esencial*.

«No conozco la clave del éxito, pero sé que la clave del fracaso es tratar de complacer a todo el mundo.» Woody Allen

Siempre hay opiniones; para todas las posibilidades. Frente a toda decisión que tomemos nos encontraremos con opiniones; puntos de vista a favor y en contra. No hay actividad que se encuentre solo con puntos de vista a favor. Frente a cada evento y circunstancia pueden encontrar una opinión negativa, una opinión positiva y otra neutra más los matices infinitos entre ellas. En todos, la diversidad se presentará. Si uno toma las opiniones y actúa respecto a ella, se generará muchos problemas. El que actúa midiéndose por la opinión ajena se mete en problemas.

Menos opinión, más *ser*. Menos *no ser*, más *ser*. Más lo que siento, lo que necesito, y lo que requiere cada situación. No se trata de tomar todo lo que nos viene de forma ciega, intentar complacer a todos sin prestar atención a lo que nuestro ser está diciendo. Quizá se trate de tomar lo que el otro quiere, dice y hace como señales para el trabajo con uno mismo; observar si frente a cada reflejo hay alguna reacción interna, así, en el caso que la haya, reconocer qué es lo que nos está sucediendo, cuál es la afectación y por qué.

LA DIVERSIDAD

Cuando se habla de dios, el creador, la esencia, el absoluto, o el nombre que quieran ponerle, en las distintas religiones, se tocan las mismas características: omnipotente, omnipresente, en todo espacio, en todo lugar, en todo tiempo, infinito, absoluto, perfecto, eterno. Esta esencia, al mostrar su cara visible, al manifestarse, comienza desde un punto para luego extenderse como una diversidad. Podría ser el primer pensamiento el que nos trajo aquí: el primer pensamiento de esta divinidad que comienza a extenderse en las distintas formas de la manifestación. Estamos hablando de algo que se parece a una unidad; ocupa todo el espacio, no se le puede medir, ni el ancho ni el largo, incluye todo dentro de sí. Pero el mundo en el que nosotros estamos es un mundo dual, que viene de a pares opuestos. Gracias a esta dualidad se crea el tiempo. Con la tríada, luego, se crea el espacio. Al llegar a este plano, manifestado, nos encontramos regidos por distintas leyes. Por ejemplo, una es que todo viene de a pares: día y noche, hombre y mujer, acción y reacción. Quizá este nacimiento de la dualidad es la extensión de la unidad que aún no entraba en el juego de los pares. En la unidad aún todos estábamos contenidos en un mismo espacio, en una misma forma, en un mismo tiempo y en un mismo lugar. Sin embargo, cuando la unidad se extendió hacia su gestación —el dos— comenzó a ampliarse y a ofrecer la dualidad y el tiempo. Luego quizá se haya extendido hacia el espacio —el tres— y haya permitido el nacimiento. Y así seguiría de número en número, de cualidad en cualidad. Cuando la unidad se extiende para generar la dualidad, se genera la diversidad. Esta extensión de la unidad que permite el surgimiento de la diferencia incluye tensión y presiones generadas por la extensión y el surgimiento. En la unidad aún viviríamos todos en el mismo instante, conteniendo el pasado, presente y futuro en un tiempo eterno; abarcando todas las formas en una misma forma que todo lo incluye. Sin embargo, al extenderse la unidad, nos ofrece la diferencia, las formas distintas, el tiempo, los espacios a continuación y las posibilidades. En el surgimiento de esta diversidad, se genera la tensión natural de la extensión de la unidad. La unidad se separa por extensión, esta crea una tensión entre dos, y así emerge la diferencia. Si surgimos a partir de la aparición de la unidad, al nacer nos extendemos de la unidad para formar parte de la diversidad. Esta tensión nos ofrece la diferencia, la diversidad, el mundo de opciones y posibilidades. De la misma forma se genera también una tensión de vuelta a nuestra raíz, como si fuera un elástico que se extendió de la misma unidad y genera presión para que regrese. Es entonces cuando aparece una atracción y tensión natural hacia nuestra unidad, y aparece una atracción y tensión natural hacia nuestra diferencia. Esto podría estar mostrando la naturaleza amorosa y temerosa que tenemos respecto a nuestra raíz y respecto al otro. Vivimos con un constante amor y temor oculto hacia lo divino y hacia el otro, con una fuerza que nos impulsa a unirnos con el otro y unirnos con dios, como también una fuerza que nos impulsa a temerle al otro y temerle a dios.

Esto, de alguna forma, crea la tensión entre nosotros. Es natural la diferencia. Es instintivo. La naturaleza teme a lo diferente. El ser más primitivo se va a sentir cómodo con los semejantes y se va a sentir incómodo con los diferentes. Va a necesitar hacer un grupo, formar un clan, con los que comparte algo, porque ahí se sentirá más contenido. Y el que es distinto: ¡malo! El ser más primitivo va a generar e identificarse con países, clubes de fútbol, banderas, culturas, lenguas, y el otro, ¡malo!

La mente descontrolada va a tomar esta separación e identificarse con ella, va a tomar el temor e identificarse fuertemente con él, va a tomar la diversidad y la diferencia como temor, como opuesto rival y no como opuesto complementario. Quizá todos seamos partes de la misma unidad y el temor natural que nos surge frente a la diferencia sea una condición que viene, pero no es necesaria, que sucede, pero podemos entrenarnos para descubrir que todos venimos de la misma raíz y que la diferencia tiene que ver con la extensión de esa raíz, con la forma manifestada que cada uno encarnó; y que podemos amar, aprender y complementarnos de esta diferencia. Podemos tomarlo como herramienta para descubrir más de nuestro propósito, nuestra raíz y nuestra esencia.

Si en algún momento nos damos cuenta de esto y aprendemos de las diferencias, tomaremos en cuenta que son una extensión de la misma raíz de la que venimos. Quizá en un futuro se deshagan las banderas, nos volvamos ciudadanos mundiales, nuestro país sea el planeta tierra… Y quizá entonces comience otro conflicto: rivalidades con otros planetas y otros seres. Hasta que alguien diga: «Chicos, no se peleen, formamos todos parte de una misma galaxia». Y a partir de ese momento, nos unamos todos en una misma galaxia y comiencen los conflictos con otras galaxias. Hasta que alguien diga: «Chicos, no se peleen, formamos todos parte de un mismo universo».

Quizá se trate de aprender de las diferencias en lugar de luchar contra ellas. Una mente descontrolada intentará cambiar al otro; una mente entrenada se cambiará a sí misma. Una mente que se entrena puede aprender de las diferencias, complementarse de los opuestos en vez de rivalizar con ellos, practicar la tolerancia, la aceptación, el perdón, la compasión, cuidar las palabras y los actos, revisar qué dice y qué mensajes lanza al mundo. Sabrá que no puede cambiar a nadie y que lo mejor que puede hacer por el mundo es lo mejor que puede hacer por sí misma; que no se trata de demostrar, sino de trabajar consigo; que la mejor explicación es el ejemplo y que no se trata de obligar, sino de proponer.

CAPÍTULO 6

Autoevaluación

MIDIÉNDONOS

¿Por qué hago lo que hago?

Quien va entrenando su mente se hará esta pregunta a medida que avanza; se la hará frente a cada pensamiento que emite, frente a cada palabra que dice, frente a cada acto que ejecuta. Es útil ir revisando las vestimentas del alma y cada vez que ejecutamos una forma de sus actos.

Quien avanza entrenando su mente cuidará los pensamientos, las palabras y los actos. Tomará consciencia de cada uno antes de proceder, sabiendo que son el primer determinante de su devenir. Revisará si lo que piensa, dice y hace es útil para sí mismo y para el mundo. Cuidará sus pensamientos, palabras y actos con una implacable atención. Revisará si se trata de exteriorizar la opinión, puntos de vista, contestar o entrar en un juego perverso, o dar algo que pueda ser útil para sí mismo y para el otro. Se preguntará constantemente: ¿tengo algo para decir que sea útil?, ¿por qué estoy por hacer esto?, ¿le da algo al otro? Con una atención implacable avanzará callado, ofreciendo sus palabras cuando tengan algo útil que dar, ofreciendo sus actos cuando se requieran, ofreciendo sus pensamientos cuando deba definir un objetivo, dirección u organizar.

Por otro lado, quien trabaja en el entrenamiento de su mente sabe que su salud depende del no estancamiento, que no debe cargar con cosas y que, en caso de estar cargando con algo, lo debe expresar saludablemente para quitárselo. Al expresarlo de forma saludable, no se lo dará al otro como algo represor, sino que buscará formas de expresión creativas, que lo sanen. De esta manera quitará lo que haya retenido sin la necesidad de afectar negativamente al otro, sin aturdir, sin agotar y sin desperdiciar energía vital.[7]

EL PODER DE LAS PALABRAS

El poder de las palabras es infinito; aunque no se vean, aunque pasados unos instantes no se sigan escuchando, todas las palabras emitidas siguen resonando en el universo. Toda palabra pronunciada nos influye a nosotros, influye al otro e influye al mundo. Toda palabra pronunciada funciona como una afirmación —positiva, negativa o neutra; de acuerdo a la polaridad con la que haya sido expresada—. Toda palabra pronunciada funciona como un mandato que se le envía al universo.

Cuando nos definimos, estamos enviando ese mandato hacia el *sí mismo*; el ego se identifica con la definición y comenzamos a actuar de acuerdo con esta. Toda definición que realizamos sobre nosotros mismos es limitante. Al contener el infinito y la absoluta potencia en nosotros; al definirnos, estamos coartando contra el dios interior que

---

[7] Algunas formas de expresión reproductivas son:
- Expresión a través de una obra creativa (arte que sane).
- Expresión y descargas por deporte.
- Expresión y descargas por ejercicios bioenergéticos.
- Sacudir y tranquilizar en la naturaleza.

está siendo atravesado por el *sí mismo*. Es por esto también que es útil no exteriorizar todo lo que nos viene y no actuar de acuerdo con reacciones, sino prestar atención a todo lo que pensamos, decimos y hacemos (desde antes de hacerlo, preferentemente).

> «*...And be careful of what you do 'cause the lie becomes the truth.*» *Billie Jean*, Michael Jackson

Quien dice: «La vida es una lucha», que se prepare para la guerra, porque la vida como una lucha es el mandato que está enviando. Quien dice: «Me quiero morir», que tenga mucho cuidado en cómo avanza, porque está enviándole ese mandato al universo. Toda afirmación que realizamos es un mandato enviado; y el universo nos contestará de acuerdo con lo que estamos pidiendo.

EL PODER DEL PENSAMIENTO

Podemos llegar a casi cualquier sitio a través del pensamiento. Es la herramienta fundamental con la que contamos para ser maestros de nuestra experiencia a través de esta vida.

Es útil examinar lo que dejamos entrar y lo que dejamos salir, lo que tomamos del mundo y lo que le damos al mundo. Se trata de controlar el alimento de la mente. Todo lo que entre actuará como influencia activa sobre nuestra mente; pensaremos de acuerdo con lo que comemos con nuestros sentidos.

Los pensamientos no solo nos afectan, sino que además viajan más rápido que la velocidad de la luz. Una mente concentrada y entrenada piensa sobre alguien en la otra punta del planeta y le envía perfectamente el pensamiento. Es más, una mente muy entrenada puede enviar un pensamiento a otro planeta en otra galaxia, y llega.

La telepatía se puede practicar. Hay muchas líneas de pensamientos trabajando al mismo tiempo… y estas pueden chocar. Se cruzan, nos llegan muchas cosas y emitimos muchas cosas. Nos llegan estímulos todo el día, mientras vivimos, mientras hacemos cualquier actividad. Primero, nos llegan estímulos de nuestros seres más cercanos, de todos los que piensan o se emocionan respecto a nosotros; luego los que interactúan con nosotros a lo largo del día, aunque sea casual; no solo eso, también nos llega de los que están enviando un mensaje publicitario mientras andamos por la ciudad; no solo nos llega eso, sino que también nos llega lo que está sucediendo en la publicidad en otro país, también lo que sucede en otro planeta; además nos llega lo que sucedió y sucederá.

Para algunas personas que estudian el elixir de la vida eterna, la clave de la eternidad es no detener nuestras ondas. La materia no es más que ondas. Las más densas forman materia densa, las más sutiles no se materializan como materia densa, pero existen en el campo sutil (pensamiento, emoción, ondas radiales, etcétera). Los que estudian cómo llegar a la vida eterna, dicen que, para este fin, es necesario que todas estas ondas no se detengan. Trabajando para que estas ondas continuaran y no se detuvieran, no sería raro que un cuerpo pudiera vivir 10.000 años.

REVISIÓN DE UNO MISMO

Quien trabaja en entrenar la mente sabrá que lo mejor que puede darle al otro es lo mejor que puede darse a sí mismo. Quien se cultiva a sí mismo trabaja para el mundo. Quien se conoce a sí mismo irradia su conocimiento en el mundo. Quien intenta cambiar al otro lucha contra el mundo.

Quien trabaja en entrenar la mente sabrá que frente a toda situación tiene la posibilidad de aceptarla, cambiarla o salirse. Sabrá que, si la acepta, lo hace sin peros, en su totalidad, y juega sin que haya otra opción allí (por lo menos, hasta que se ingrese una nueva duda para avanzar). Sabrá que la única manera de cambiar una situación es cambiando uno mismo. Sabrá que, si se sale, lo hace sin peros, cierra perdonando, pidiendo perdón, perdonándose, agradeciendo, soltando y siguiendo, sin dejar cuentas pendientes, cerrando sanamente para darse el espacio que le permita el ingreso a lo nuevo.

Quien trabaja en entrenar la mente sabrá que a veces es útil abrir todas las puertas y que las que no son (la opción que eligen) se cierran solas. Que no es necesario luchar, sino atreverse con flexibilidad. Que la fe acompañando actos conscientes es útil, mientras que la fe ciega sin actos no tiene resultados.

Quien trabaja en entrenar la mente sabrá que la verdadera paz es entre opuestos.

Muchos de los que anuncian la paz generalmente son semejantes: dos personas que comparten cosas, que tienen cosas en común, entonces les resulta cómodo hablar de paz (o dos naciones que tienen acuerdos comerciales, o dos clanes que comparten algo, y una gran lista de etcéteras). Quien trabaja en entrenar la mente sabrá encontrarse en paz con su opuesto: ahí está la paz alta, el aprendizaje de la diferencia, la tolerancia, la aceptación. Quien ha avanzado en el entrenamiento de la mente ni siquiera encontrará opuestos.

CÓMO CONSTRUIR EL *NO SER*

El *ser esencial* que vive a través de cada uno de nosotros, no se ve. Y no se ve, no porque esté oculto, sino porque se lo ha tapado con muchísimas capas. Funcionamos como un alcaucil, detrás de todas las hojas se encuentra el corazón. De la misma forma, detrás de todas las personalidades, detrás de todos los *falsos yo*, se encuentra el *ser esencial*.

El *no ser* son estos disfraces que están cubriendo al *ser esencial*. La mente descontrolada define al *ser esencial* a través de estos *falsos yo*, creyendo inocentemente que su ser es su *no ser*. Define al *ser esencial* a través de las personalidades, los nombres que les da a estas personalidades y las características que les atribuye. Pero el *ser esencial* no es el *falso yo*. Estas personalidades son excusas armadas para andar por el mundo, disfraces que se pone el *ser esencial* creyendo que le serán útiles para ser amado, para lograr lo que quiera, para realizar sus deseos o para cubrir sus necesidades.

Estas falsas personalidades se construyen desde el momento en que nacemos. Comenzamos con un nivel de consciencia infantil, que se adapta al mundo imitando los ejemplos que se le presentan. En caso de que el niño no haya nacido en una familia iluminada, en una sociedad iluminada, en un mundo iluminado, en un universo iluminado, comienza a tomar ejemplos raros. Toma ejemplos de otros que no están siendo quienes son, en los que su *ser esencial* no está a la luz y que no viven la vida que se merecen. Ya comenzaron raramente, construyendo falsas personalidades basadas en imitar raros ejemplos. Luego, el niño pasa al desarrollo de sus derechos naturales; durante el primer ciclo de siete años de vida, el niño desarrolla los derechos naturales de tener, de sentir, de hacer, de amar y ser amado, de decir, de ver y de conocer. Quizá se encuentre con una familia, cultura, religión, educación, sociedad y mundo que no lo incentiven a desarrollar sus derechos naturales y, que para colmo, los repriman. Si sucede esto, se sumará a sus falsas personalidades el depósito de ideas restrictivas en el subconsciente, que hacen que el *ser esencial* no se exprese con libertad y no sea en su plenitud. Luego, un poco más grande, quizá busque amar y ser amado y, para lograr esto, tal vez no haga lo que le corresponda, no siga el dictamen de su *ser esencial*, sino que haga lo que crea conveniente para poder recibir amor. Tal vez no se respete a sí mismo y se vuelva incapaz de expresarse con libertad. También puede que sume la autorización e incorpore la opinión del otro. Al tomar los otros puntos de vista como suyos, los depositará en el subconsciente, el ego se identificará con ellos, y comenzará a actuar de acuerdo con lo que el otro diga. Hará si el otro lo autoriza, no hará si el otro no lo autoriza, y se moverá de accidente tras accidente, como un velero que navega sobre aguas impulsadas por opiniones, puntos de vista y raras creencias. También se sumará el débil ego con una mente descontrolada, que tomará la opinión del otro como suya y construirá falsas personalidades basadas en esta. Por ejemplo, el niño irá al colegio, interactuará con otros niños y profesores y de repente se encontrará con que un día alguien le diga: «¡Qué inteligente que eres!». El niño, que creerá y aceptará todo lo que le digan, quizá incorpore esas palabras como un mandato y las aloje en su subconsciente. Luego le dirán: «¡Qué malo que eres en los deportes!», y tomará ese «eres» de la oración como pretexto para definir a su *ser esencial* con esta definición y manifestarla; se pondrá el disfraz de un mal deportista (quizá nunca más se atreva a educarse en el deporte, a mover el cuerpo, a trabajar en esta área, porque el mandato ya habrá sido depositado, identificado y solidificado). Así, le irán diciendo cosas, se las creerá y las tomará. Alojará todo en el subconsciente, el ego se identificará con ello, e irá andando por el mundo manejado por todo lo inútil que haya dejado entrar, porque le habrán creído, lo habrán aceptado, lo habrán incorporado. Le habrán incorporado como mandatos el «no hagas esto», el «no toques esto», el «tápate los ojos», el «acá no puedes hablar, es conversación de adultos», el «no te metas eso en la boca». Todo lo que le hayan dicho de niño se habrá vuelto mandatos de adulto. También le entrarán nuevos arquetipos, como leyes universales, que le dictarán falsas verdades, y las incorporará también como suyas: maestros, doctores, abogados, profesionales de cualquier disciplina, jefes, parejas, amigos, cualquier personaje que sea tomado como ley y que lo que vaya a decir pase a formar parte de su verdad. Hará de las voces, mandatos, y de esos mandatos, leyes. Entonces, el *ser esencial* se encontrará lejos de estar viviendo en su plenitud, de estar haciendo lo que quiera hacer, de estar diciendo lo que quiera decir, de estar sintiendo lo que quiera sentir, de estar viviendo lo que quiera vivir. Ahora, el *ser esencial* estará bajo capas y capas de *falsos yo*; personalidades construidas para adaptarse a un mundo que hará lo que no quiera para obtener lo que no necesite. Ahora el *ser esencial* estará cubierto por *yo amigo, yo amiga, yo hijo, yo hija, yo esposo, yo esposa, yo padre, yo madre, yo trabajador, yo trabajadora, yo profesor, yo profesora, yo ciudadano, yo ciudadana, yo estudiante,* y una gran lista de etcéteras.

Durante un tiempo uno se cree cómodo bajo estos disfraces. Sin embargo, eso será finito, por tiempo limitado. Llega el punto en que los disfraces comienzan a incomodar; el ser no se siente a gusto con sus falsas personalidades. Descubre que no está haciendo lo que quiere, sino que está haciendo lo que cree que quiere, o lo que quieren los otros, o lo que no quieren, o lo que complace a todos menos a sí mismo. Descubre que no está diciendo lo que quiere, sino que está hablando según cierto protocolo, que sigue una programación o estado de hipnosis que no lo representa, que el lenguaje que está utilizando ya le queda incómodo y no le permite decir lo que quiere decir. Descubre que no está viviendo la vida que quiere, que está llevando una vida basada en persecución y paranoia, que comparte con quienes no lo aman, que hace lo que no quiere, que vive donde no quiere, que come lo que no lo alimenta, que vive la vida que no le pertenece y no desarrolla su don, que está lejos de buscar lo que hay detrás de sus deseos, sino que está atento en tapar a su *ser esencial* con mandamientos perversos: en entretenerlo con baratijas, en acallarlo con drogas, en intoxicarse con una inútil vida. Descubre que no se está dando lo que se merece, que no está conectado con su vida, que no está conectado con el mundo, que no está conectado con el otro, que vive en ridículos teatros llevando a cabo los roles a los que se amoldó. Entonces, se da cuenta de que algo está fallando, que el disfraz ya no le queda, que la vida que vive no es la vida que su *ser esencial* clama por vivir.

Entonces, algunos se ahogan en el sufrimiento y la autodestrucción, mientras otros comienzan a buscar alternativas. Algunos buscan opciones de entretenimiento; se tapan por más y más capas, cubren una falta con otra falta, para seguir sin hacerle frente a su raíz. Otros se atreven a ir más lejos, a comenzar a buscar alternativas, a dejar de huir y hacerle frente a su oscuridad, a ver lo que está ocultando sus disfraces, a ver lo que hay detrás de las falsas personalidades, a conocerse a sí mismos, a descubrir a su *ser esencial*.

DESEO

Una mente en un estado descontrolado está persiguiendo lo que sucederá en el futuro, preocupándose por lo que no está acá y perdiéndose la posibilidad de disfrutar el presente, sacrificándolo por un futuro incierto. Una mente descontrolada que no sabe disfrutar lo que tiene, sino que persigue lo que no tiene. Una mente descontrolada que no canaliza su deseo, siquiera lo reconoce, sino que persigue y persigue sin descanso.

El deseo descontrolado va a querer todo el tiempo más. Al que tenga diez le darás diez y querrá cien; le darás cien y querrá mil; le darás mil y estará desesperado por diez mil. En un deseo descontrolado, la insatisfacción es constante; siempre se quiere más, nunca se satisface, no se disfruta ni se ve lo que hay, se persigue lo que no hay, no se trabaja sobre el deseo sino sobre el objeto del deseo, no se observa el poder que nos moviliza, residente en el deseo mismo, sino que se persigue el objeto creyendo que ahí hay una respuesta; se busca fuera lo que ya se encuentra dentro. No se trata de más, se trata de lo que hay, darle la mejor utilidad posible y darle un disfrute. Se trata de canalizar el deseo. Si surge más, si surge menos, se trata de canalizar esos deseos. Y darle la mejor utilidad posible a lo que hay. Se trata de observar eso que nos está movilizando, el deseo mismo, que tiene la potencia de levantarnos todas las mañanas y llevarnos a ejecutar actos.

Lo que necesitamos es distinto a lo que deseamos. Necesitamos agua, comida, un abrigo, una cama, un techo. Deseamos desde la sexualidad, necesitamos desde el cuerpo. Las necesidades tienen que ver con la supervivencia. El deseo tiene que ver con el propósito que nos trajo al mundo; detrás de todos los superfluos deseos, detrás de todas las tentaciones, detrás de todos los ideales, se encuentra el deseo profundo que nos trajo acá y el que nos motiva a encarnar.

El deseo no se acaba en vida, porque es el que nos trajo a la vida. El deseo canalizado nos concentra hacia una búsqueda efectiva y un trabajo de educación mental. El deseo de una mente descontrolada agita la mente y persigue afuera sin descanso. Este tipo de deseo genera mucha agitación mental, instala emociones inestables en el ambiente, nos aleja de la concentración y nos coloca más en los modos de actuar de la mente de agitación y dispersión mental.

No se trata de no desear, sino de canalizar el deseo y trabajar desde el motor del deseo mismo, para descubrir nuestro propósito, nuestro don, nuestro anhelo profundo alojando en lo hondo de nuestro inconsciente. Este tipo de trabajo se realiza sabiendo que lo que nos potencia no es el objeto del deseo, sino el deseo en sí mismo.

CAPÍTULO 7

Terreno mental

FELICIDAD TEMPORAL Y ALEGRÍA PERMANENTE

Hay quienes creen que la felicidad se encuentra afuera y es el resultado de la obtención del objeto del deseo. Este tipo de felicidad resulta en una persecución constante, donde no se descubre nada dentro, sino afuera, y en el caso de que se obtenga el objeto del deseo, no durará más que unas horas o días la satisfacción. Luego, se aburrirá del juguete y lo dejará, volverá el deseo, esa felicidad efímera se esfumará, volverá la infelicidad, y se retomará la persecución de un nuevo objeto de deseo.

La alegría de ser es distinta a la felicidad de obtener. La alegría de ser es algo intrínseco que le pertenece a cada uno: se trata del disfrute de ser sí mismo, de desear y de movilizarse en la búsqueda, de disfrutar cada uno de los pasos en el camino, de comprender cada una de las experiencias y vivirlas en plenitud, sin desesperarse; porque lo importante del logro no está en el logro en sí mismo, sino en el trabajo hecho para alcanzarlo (que resultará en alcanzarnos); porque lo importante del camino no es la meta, sino la búsqueda. Quien logra entrar en sí mismo descubrirá una alegría permanente que lo acompaña; quizá no sea tan espectacular como la obtención de la mansión o el *Ferrari*, la obtención del objeto externo del deseo, pero sí es más perdurable, porque nos acompaña día y noche, en cada uno de los pasos, en cada uno de los resultados; sea cual sea que sea.

LOS CAMPOS SUTILES

Piensen en los celos, sospechas, y cantidad de emociones reales que podemos generar ante situaciones imaginarias. El hecho no tiene que ser cierto para sentirlo. Si uno construye sus sentires sobre la base de falsedades, fundará una experiencia vital según ilusiones; vivirá en su fantasía, sin tocar alguna vez la realidad. Lo que nos podría conducir a preguntarnos ¿qué es real?, ¿hay algo que pueda ser más real que otra cosa?

Hay emociones que suceden, son reales, independientemente de si el hecho ha sido falso o no. Quien trabaja como actor conoce muy bien esto que estoy diciendo. Una cosa es parecer y otra es ser. Cuando una persona parece, quizá entienda una idea pero no la crea, tal vez no la esté sintiendo, entonces verá la mentira y podrá representar un sentir de acuerdo con esta, pero estará muy lejos de ser y sentir. Cuando una persona siente la idea, no importa si es mentira o no, porque, al sentirla, pasará a ser y experimentarla como si fuese una verdad. Un gran actor es quien siente lo que está viviendo, quien es lo que actúa. Un actor no tan bueno es quien parece, quien entiende lo que está viviendo, pero no lo siente.

Así funcionan también en nuestra vida las ideas. Las ideas que solo se asimilan intelectualmente podrán entenderse, pero no se experimentarán. Cuando las ideas se toman como verdades, se empiezan a sentir, se experimentan como verdades, sin importar si son o no son auténticas.

Detrás de esto se encuentra la supuesta realidad en la que vivimos. Para ser capaces de hacer necesitamos ser capaces de experimentar, y para ser capaces de experimentar necesitamos ser capaces de sentir. No sabemos si es verdad o no, si existe o no, sin embargo para nosotros es real todo lo que vivimos porque lo estamos sintiendo, porque la mente lo tomó como una verdad. No necesariamente es verdad todo lo que sucede, pero sí es nuestra verdad en el momento que sucede.

Muchas veces lo que sentimos nada tiene que ver con lo que está sucediendo, con la verdad o mentira del hecho, sino que se relaciona con lo que estamos tomando de eso y con la parte que hacemos nuestra verdad. Lo que sentimos responde a esta pequeña parte a la que accedemos. Entonces, hay mentiras que son sagradas y verdades que son inútiles. Lo importante será lo que resuene en nosotros frente a cada circunstancia.

LOS PENSAMIENTOS Y LAS EMOCIONES SON REALES

Aunque nosotros no veamos, no oigamos, no olamos, no toquemos, ni podamos sentir el gusto de los pensamientos y las emociones, estos existen. Ambos trabajan en un campo tan sutil que no podemos distinguirlos por los cinco órganos clásicos de percepción; sin embargo, ahí están, todos los pensamientos y emociones generados por nosotros y por los otros seres presentes en este planeta, más los que vienen desde otros planetas, influyéndonos y afectándonos constantemente. No lo vemos; sin embargo, en el campo más sutil hay una guerra energética, pensamientos y emociones volando entre cuerpos y cuerpos, luchando por quién atraviesa a quién, absorbiéndose energía vital unos a los otros, pegándose contra cuerpos de niños inocentes, sobre las paredes de los hogares y sobre nuestros cuerpos.

No se ven, pero existen. Los científicos aún no han logrado poner un pensamiento o una emoción en una lata y decir que ahí lo tienen; sin embargo, existen. De la misma forma que no vemos las ondas de radio, las ondas de Internet, las ondas de llamadas por teléfonos móviles, están a nuestro alrededor, emitiéndose y recibiéndose, atravesándonos y afectándonos. No solemos percibirlos porque estamos limitados en la forma en que nos manifestamos. Vemos los siete colores del arcoíris y sus combinaciones, pero no podemos ver más colores que estos. Oímos de unas frecuencias a otras, no podemos oír los ultrasonidos ni los infrasonidos. Hay un espectro de frecuencias ondulatorias —sonoras, luminosas y electromagnéticas— a las que tenemos acceso; desconocemos lo que está más allá de este espectro, hacia delante y hacia atrás, y existen niveles que no podemos percibir. Estamos limitados. Venimos con algunas cosas y otras no, oímos algunas cosas y otras no, vemos algunas cosas y otras no. Si somos conscientes de esto, sabremos que hay muchos niveles de realidad que están sucediendo en forma simultánea a la que estamos percibiendo, que están sucediendo en este mismo instante a nuestro alrededor, y que no podemos percibir. Sin embargo nos pueden afectar y nos influyen (esto explicaría el mundo de los fantasmas que viven junto a nosotros). Los pensamientos y las emociones trabajan en este nivel; en campos tan sutiles que no podemos verlos, pero interactúan con nosotros y aquí están, a nuestro alrededor.

Si logramos entender esto, y quizá comprenderlo: ¿qué queremos poner en el mundo?, ¿qué pensamientos y emociones queremos enviarle a nuestro cuerpo y al cuerpo de todos los otros seres?, ¿con qué pensamientos y emociones queremos llenar los ambientes?, ¿con qué pensamientos y emociones queremos cubrir las paredes de nuestro hogar?, ¿qué pensamientos y emociones queremos darles a nuestros hijos? Si podemos recordar que los pensamientos y las emociones son reales, vamos a medir qué pensamientos lanzamos y que emociones estamos comunicando. Están, aunque no las toquemos ni veamos, están y nos afectan.

No solo esto; quizá los pensamientos y las emociones resuenen como ondas y sigan existiendo luego y antes de haber sido percibidos. Quizá todo lo que pensemos y sintamos siga resonando en el universo y no desaparezca del campo sutil. De ser así, no es gratuito ni pensar ni sentir; genera cosas que nos afectan, que afectan al otro y que quizá vuelven hacia nosotros. Todo lo que hacemos, decimos y pensamos va hacia el mundo, se lanza hacia el universo, y luego, de alguna forma, vuelve.

Si hacemos el ejercicio de autoobservación, descubriremos que gran parte de los pensamientos y emociones que estamos experimentando son repetitivos. Estamos desperdiciando muchísima energía vital por no prestarnos atención y controlar nuestros poderes. Además, estamos enviando órdenes caóticas al universo y estamos afectando al mundo que nos rodea sin medir cómo lo hacemos. Sucede esto porque no nos estamos viendo.

Si prestamos atención, descubriremos al salir a la calle que hay una guerra a nivel energético; que está lleno de vampiros energéticos que no se dan cuenta de que están chupándole la energía vital al que tienen al lado (y lleno de inocentes donantes de energía vital que se están vaciando hasta quedar como cadáveres energéticos).

Si lo recordamos, vamos a comenzar a utilizar más seguido la autoobservación para decidir qué hacemos con los pensamientos y las emociones que surgen: si las lanzamos al mundo, si las alimentamos o si somos indiferentes frente a ellas.

ALIMENTACIÓN DEL CUERPO MENTAL

Nuestro cuerpo físico se construye con la materia densa que tomamos: el componente físico de los alimentos. Nuestro cuerpo mental se construye con la materia sutil que tomamos: el cuerpo sutil de los alimentos.

Vamos a pensar de acuerdo a cómo y qué comemos. Y no solo pensaremos de acuerdo con lo que se introduce a nuestro cuerpo por vía oral, también pensaremos de acuerdo con lo que se introduce a nuestro cuerpo por vía visual, sonora, física y olfativa. Nuestro pensamiento funcionará sobre la base de todo lo que ingrese en nosotros. Es útil entonces revisar qué dejamos entrar y cómo lo dejamos entrar, porque de acuerdo a ello será la forma en que pensemos, y de acuerdo a la forma en que pensemos será la forma en que vivamos.

Alimentos

Algunos alimentos generan excitación a la mente, otros, tranquilidad y otros, pesadez. Los alimentos como azúcares y carnes excitan a la mente, le dan pasión y no la dejan descansar. Los alimentos como pastas y harinas blancas le pesan, le dan letargia y no la dejan accionar. Los alimentos como los vegetales frescos y las frutas le generan tranquilidad, le dan calma y armonía.

Los otros

A través de los ojos ingresan ondas positivas y negativas a la mente. Cuando dialogamos con alguien que se encuentra cargado negativamente y lo miramos a su ojo derecho (a través del cual nos transmite esta energía vital), estaremos absorbiendo parte de su energía negativa. Lo mismo sucede si ambos cuerpos se encuentran a corta distancia (la suficiente para que los campos áuricos entren en contacto) o si uno no cierra sus canales (*chakras*) y el otro se coloca frente a nosotros. Este tipo de contactos tan internos son útiles cuando ambos están cargados de energía positiva, entonces habrá un diálogo de dar y recibir positivo. En caso que uno de los dos se encuentre con energía vital negativa es útil que no se la dé a otros, sino que la exprese sanamente y la libere por vías naturales.

El sueño

Otra de las grandes fuentes de alimentación mental es el sueño. Hay tres tipos de estados: la vigilia, el sueño liviano y el sueño profundo. En el estado de vigilia la mente y el cuerpo están encendidos. En el sueño liviano el cuerpo está dormido y la mente encendida. En el sueño profundo el cuerpo y la mente están apagados. La mente descansa realmente cuando se entra en el estado de sueño profundo, cuando está en el estado de sueño liviano aún hay actividad mental (los sueños).

El mundo que vemos no es el mundo que hay. El mundo que vemos es el mundo que nuestra mente nos permite que veamos. Todo lo que experimentamos, a través de todos los sentidos, se traduce en la mente. Si no hubiera una mente, no podríamos sentir ni experimentar esta vida que estamos viviendo. Lo que vemos es la proyección que nuestra mente hace sobre un objeto; no vemos el objeto, sino que vemos la proyección que nosotros mismos —el sujeto— realizamos sobre el objeto. Cuando estamos en el estado de sueño liviano, el objeto de observación ha desaparecido (tenemos los ojos cerrados), pero el sujeto aún sigue despierto (la mente). Entonces, lo que hace la mente es continuar proyectando; esta vez no sobre la base del objeto de observación, sino según las memorias e instintos anclados en el subconsciente. Recién cuando entramos en el estado de sueño profundo, el objeto y el sujeto desaparecen, ahora no hay más proyecciones.

La respiración

La parte más sutil que alimenta a la mente es la respiración. A través del aire, el cuerpo toma sol. Cuanto mejor respire el ser, mejor estará la mente y mayor facilidad tendrá para concentrarse, llegar a la anihilación mental y no perderse en agitación o dispersión mental.

El pensamiento

El pensamiento también alimenta a la mente. Pensar mucho la cansa, pensar poco le da espacio, los pensamientos positivos la alimentan positivamente, pensamientos negativos la alimentan negativamente.

Administración de la alimentación mental

También la mente se alimentará de lo que tome de los ambientes, de las compañías, de los otros, del tipo de movimiento que le demos al cuerpo, de la forma en que pensemos y encaremos cada una de las circunstancias y eventos que se presenten.

Muchas veces uno no presta atención a la alimentación que le está dando a la mente porque no está presente; o está accionando o se encuentra imaginando algo. Si la mente está en otro lugar cuando hacemos algo, estaremos ausentes. Al estar ausentes, no podemos sentir lo que nos sucede y quedamos expuestos frente al ambiente, capaces de tomar cualquier cosa sin notarlo.

Si la mente está en la charla, en la crítica, en juzgar, exteriorizar, opinar y otras formas de diálogo inútiles, se la pasará gastando energía vital y, si lo hace mientras realiza una actividad receptiva como comer o ver televisión, estará permitiendo que entren cosas que no necesita. Si uno está presente mientras come, mientras se mueve, mientras dialoga, mientras actúa en el mundo, va a sentir y saber si lo que está ingresando en sí mismo le es útil o no.

DEL CUERPO A LA MENTE

La salud física es un devenir de la salud mental, y la salud mental es un devenir posible de la salud física. Es útil preservar y mantener salud física para que a nuestro cuerpo mental no le cueste tanto su funcionamiento. Nuestra salud física y mental depende de cinco actividades que realizamos todos los días. Solemos realizarlas de forma inconsciente, pero podemos cambiarlas a una forma voluntaria y consciente, modificando la salud y la forma en que vivimos. Estas actividades son la forma en que respiramos, la forma en que nos alimentamos, la forma en que nos movemos, la forma en que dormimos y la forma en que pensamos.[8]

---

[8] Lou Couture y Leandro Taub, *Sabiduría Casera, op. cit.*

CAPÍTULO 8

Curar desde la mente

JAULAS MENTALES

No hay límites más grandes que nuestras posibilidades. Muchas veces llamamos «límites» a lo que no son más que solidificaciones mentales, trabas de una mente que no está entrenada y que trabaja de forma descontrolada. Estos límites se construyen cuando la mente se identifica con algo y lo toma como una verdad absoluta; en ese momento crea una ley interna, una forma de solidificación que se transforma en sus lentes, en su óptica para ver al mundo. Desde ese instante no podrá ver la totalidad sin juicios, ahora la vislumbrará a través de este filtro. Así se hará incapaz de ver todo lo que sucede, se limitará y se hará esclava de sus identificaciones.

Para explicarlo de otra forma, la mente descontrolada se identifica con sus creencias, opiniones, puntos de vista, modos, hábitos, costumbres, y se define de acuerdo con eso. En el momento en que se define, se identifica con esta idea, y genera una solidificación de esta en la mente. A partir de ese momento la mente no verá sin juicios al mundo, sino que lo verá a través de esta idea —esté consciente o inconscientemente anclada en nuestro subconsciente—. Entonces, la mente se limitará al ver al mundo filtrado, fragmentado, negándose a ver lo demás. En resumen: la mente se identifica con una idea, la solidifica, se hace esclava de esta y crea el límite al ver al mundo a través de esa idea.

«Los sábados me quedo en casa, no me gusta salir»; «No como ninguna verdura que haya sido cocida con agua que no sea de manantial»; «Este restaurant no, no me gusta, prefiero este otro»; «Este equipo de fútbol es el mejor, los otros no»; «Yo no soy capaz»; «Yo no puedo»; «Yo soy ansiosa»; «Yo soy bipolar»; «Es una lucha»; «Es muy difícil».

Con este tipo de jaulas mentales uno no solo se limita a sí mismo, sino que además limita sus relaciones, la capacidad de ver al otro —lo define de una forma y no se permitirá verlo de cualquier otro modo—; limita sus obras —no se considera capaz de algo, define sus cualidades de cierta forma y comienza a representarlas, manifiesta sus límites y vive a través de ellos—; limita su prosperidad —cree que no puede, que no es digno de ganar, de crecer o de construir y limita su crecimiento, hasta es capaz de boicotearlo con tal de no lograrlo—; y limita sus relaciones amorosas —cree que no es digno de ser amado, cree que no se lo merece, o se cree superior a los otros y no puede abrir su corazón a construir relaciones—.

Cuanto más fuerte se encuentre la identificación con estas ideas restrictivas y menor sea el nivel de autoobservación, más rígidas serán las rejas de la jaula mental.

Es un gran privilegio tener una jaula mental: uno tuvo que trabajar mucho para construírsela, identificarse con opiniones, creencias, puntos de vista, y una gran lista de etcéteras. Luego, fue necesario solidificarlos en la mente, respetarlos y aceptarlos, tomarlos como parte de la identidad, confundir a su *ser esencial* con los personajes, hacerse esclavo de ellos y avanzar por el mundo creyendo que la máscara que llevaba era la de uno mismo, viviendo la vida a través de los límites que se ha creado, viviendo la vida sin poder experimentarla en su plenitud porque es vivida a través de su jaula. Esto ocurre porque se hace caso a los hábitos y costumbres, sin ver otras opciones y sin abrirse a la posibilidad de que otras cosas podrían suceder si se probara otra opción. Muchos se encuentran recostados sin moverse en su falsa comodidad, sin accionar para salir del límite, fingiendo que están cómodos cuando en realidad no es así. Están atrapados en las jaulas mentales, sufriendo sin saber por qué sufren, limitados, sin trabajar en salir, apresados en sus propias construcciones, echándole la culpa a otros y no haciéndose cargo de su libertad. El poder está en cada uno; cada uno es responsable de sí mismo y cada uno viene equipado con todo lo que necesita para dominar a su mente y trabajar en el conocimiento de sí mismo.

APERTURA DE LAS JAULAS MENTALES

El primer paso para salir de los condicionamientos es saber que hay un condicionamiento, reconocerlo. Una vez que se haya reconocido, es posible hacer el trabajo de darle espacio a la mente; el suficiente como para poder *desidentificar* al ego de esa identificación y expandirlo.

Para reconocer jaulas construidas donde hay un hábito o costumbre, alcanza con un día de autoobservación: pasen todo el día con un cuaderno y un lápiz, y escriban todas las actividades que realizaron. Escriban detalles, cómo se sienten, qué hicieron y cómo lo hicieron. Al final del día lean la lista y señalen de todas las actividades que hicieron aquellas que son habituales en sus vidas. Realicen lo mismo con todas las formas repetidas en las que actuaron; lo mismo con todas las emociones que sintieron. Todo lo marcado, actividades, formas y emociones, que se repite, son hábitos y costumbres solidificados en su mente. Será útil hacer algo distinto: si suelen comer el mismo tipo de comidas, probar algo distinto; si suelen comer de la misma forma, probar comer de otra forma; si suelen hablar de los mismos temas, prueben hablar de otros temas; si suelen entretenerse de las mismas formas, prueben entretenerse de otras formas. Se trata de probar lo distinto a lo usual. Esto le dará flexibilidad a la mente y la abrirá, ofreciéndole alternativas y ampliando su campo de visión.

Para reconocer jaulas construidas en base a memorias e instintos guardados en el subconsciente, alcanza con prestar atención a todo pensamiento-reflejo o emoción-reflejo; cada vez que aparece algún pensamiento-reflejo o emoción-reflejo, es señal de que se está tocando algo que está guardado en el subconsciente y que no estamos reconociendo. Para darnos cuenta de esto, es necesaria nuevamente la autoobservación. Cuando suceda el reflejo, en vez de dejarnos llevar por este, separémonos de nuestro *falso yo* para observarnos. Una vez que estemos bajo la lupa de nuestro análisis, podemos empezar a preguntarnos: ¿qué me molestó o qué me afecto de lo que acaba de suceder?, ¿por qué?, ¿por qué?, ¿por qué? y así sucesivamente. El juego del por qué (preguntar el porqué de algo y luego preguntarnos el porqué de esa respuesta, y luego el porqué de la siguiente respuesta, y así sucesivamente) nos permite investigarnos y reconocer qué es lo que tenemos guardado en el subconsciente que no estamos queriendo reconocer. Una vez reconocido, es útil darnos espacio y luego *desidentificar* el ego de esta memoria. Es útil transgredirla, probar hacer eso que tememos, para ver que no sucede gran cosa al hacerlo y depositar en nuestra mente la autorización de salirnos de ella para ir más allá de la jaula.

Toda definición que hacemos es limitante. A veces es útil definir para canalizar un acto. Pero también es útil deshacer la definición una vez realizado el acto. Definirse a uno mismo, definir al otro, definir las relaciones o definir el mundo es un riesgo innecesario. Aquí nuevamente entra en juego la autoobservación; es fundamental prestar atención a nosotros mismos y reconocer cada vez que estamos definiendo algo. Una vez reconocida la definición vuelve el juego de la pregunta por qué: ¿por qué estoy definiendo esto?

Es útil darle espacio y flexibilidad a la mente para que no esté tan oxidada: reconocer nuestras identificaciones y ofrecernos la posibilidad de hacer eso mismo de otra forma.

No hay dos días iguales, no hay dos noches iguales, no hay dos seres iguales, no hay dos mundos iguales, no hay siquiera dos instantes que puedan ser iguales. En la manifestación todo avanza en movimiento, en constante cambio y nada se repite. Esa es una gran señal para descubrir cuándo estamos enjaulados con nuestra mente; si hay alguna repetición, es que allí hay algo. Es entonces la oportunidad para autoobservarnos y reconocer cuál es la repetición; investigarla para dominarla, darnos espacio y salir de ella.

Saliendo de los hábitos, costumbres, maneras, opiniones, mandatos y definiciones, se descubrirán a ustedes mismos. Verán que su cuerpo, su sexualidad, su corazón y su mente les están hablando; que no hay repeticiones y que cada día les dice algo distinto, algo para trabajar y evolucionar. Se trata de salir de los estados de hipnosis y programaciones en los que avanzamos, para darnos la posibilidad de cambiar; porque no es algo extraordinario, es nuestro derecho divino: cambiar y avanzar con la vida, dejar de resistirle y permitirnos vivir con la vida. Si se atreven a cambiar, verán cómo cambia su mundo. Si se atreven a cambiar, cambiarán con el mundo.

«The definition of insanity is doing the same thing over and over and expecting different results.» Albert Einstein

LA PERVERSIÓN DE LA MORAL

Los clanes de la educación, la cultura, la religión, la política, y fundamentalmente, la familia, suelen seguir ciegamente tradiciones sin jamás considerar la posibilidad de evaluarlas y medirlas; de revisar si son útiles, para qué se hacen y por qué. Muchos se comportan sin saber esto. «¿Por qué hago lo que hago?», «¿Para qué hago lo que hago?» Las tradiciones trabajan a través de la transmisión física, transmisión escrita, transmisión oral, e incluso transmisión psicológica de hábitos y costumbres. Le pondrán las cosas difíciles a aquel que quiera salirse del clan —la famosa oveja negra— e investigar qué es lo que hay más allá de esa falsa comodidad sobre la que se encuentra asentado; qué es lo que hay más allá del mundo conocido. Es útil revisar nuestras tradiciones y no respetarlas ciegamente, buscar el porqué de cada cosa y una vez conocido y reconocido, tomar la decisión de si las seguimos o no, si lo hacemos de esa forma o de otra. Quien se ofende con el que salió del clan no lo hace porque este haga algo mal; quien se ofende se ofende porque el otro hace lo que él no se permite. Toda molestia que siente una persona es un resultado de un reflejo, ve en el otro algo que no se permite a sí mismo, que tiene reprimido o que no está reconociendo; entonces el acto del otro le genera incomodidad. El otro no hizo algo bien o mal, sino que hizo lo que hizo; y el que por eso se ofendió recibe un problema en función de la falta de reconocimiento de sí mismo. Cuando más moral es una persona, más inmoral percibe al mundo que le rodea. Quien ve más cosas «mal» afuera es quien más aferrado está adentro, sin reconocerse, sin expandirse, sin investigarse, sin salirse de tradiciones, costumbres y hábitos, atrapado en su cárcel de moralidad. Cuántos familiares, amigos, profesores, colegas, alumnos se han enojado con ustedes porque se salieron de lo que ellos consideran su moral. ¿Y qué responsabilidad tendrán ustedes sobre esto? Ninguna. Enojarse es problema del que se enoja. Y es un problema que sería útil revisar, porque si hay una afectación es que hay algo allí escondido para reconocer.

Quizá la moral sea algo que antiguamente tenía utilidad, se mantenía con una causa y con un motivo; pero ha pasado el tiempo, se estableció y ha llegado a un momento en que se siguen manteniendo hábitos basados en aquella moral ya superada, sin saber por qué o para qué. Lo terrible de esto no solo es la acción a través de pensamientos, palabras y actos físicos que muchas personas están enviando en completa inconsciencia, sino que además, para ellos el mundo se define de acuerdo con esta moral. Dicen que algo está bien y que otra cosa está mal porque así lo aprendieron, pero no lo aprendieron según su experiencia vital o su sentir; lo aprendieron a partir de una transmisión intelectual vacía de experiencia. Adoptaron ideas locas que no les pertenecían y las hicieron suyas, imitaron ejemplos completamente enloquecidos y los hicieron ley, actuaron en base al rencor, culpas o arrepentimientos y se lo proyectaron a la humanidad entera.

La tradición suele ser la repetición en el tiempo de alguna actividad que alguna vez fue útil y ahora no necesariamente. Se olvidó por qué era útil, se siguió haciendo y se interpretó arbitrariamente. Después la transmitieron a sus hijos, y ellos a sus hijos, y ellos a sus hijos, y así paso de generación en generación, forteleciendo las normas y leyes del clan. Más tarde, se depositó la semilla de que salirse del clan es una traición —¿notaron la similitud entre las palabras tradición y traición?—. El subconsciente de las generaciones siguientes vino con la programación de que respetar al clan es hacer las cosas bien y que no hacer lo que dice el clan es hacer las cosas mal. Y si no se respeta lo que dice el clan, si se traiciona al clan, hay todo tipo de castigos, hasta llegar al destierro (se expulsa al individuo del clan).

Son varios los clanes a los que pertenecemos: el clan familia, el clan amigos, el clan trabajo, el clan cultura, el clan equipo de fútbol, el clan grupo de estudio, el clan pareja, el clan hijos, y una gran lista de etcéteras. Formamos estereotipos de definiciones, las ejecutamos sobre nosotros mismos y sobre el otro, nos identificamos con ellas, las proyectamos al mundo entero y vivimos a través de este filtro. Después llega alguien que no pertenece al clan y dice: «Compañeros, estamos todos locos, esto que están haciendo no funciona». Y el castigo es enorme; se contempla el asesinato por haber traicionado al clan, no haber seguido sus tradiciones, hábitos y costumbres; no haber respetado su moral.

En el mundo en que vivimos hay innumerables confrontaciones religiosas, culturales, sociales, económicas, nacionales y militares que se basan en haber traicionado al clan, haberlo desafiado o haber hecho algo que no pertenece a sus tradiciones.

Es útil revisar qué hacemos y qué no, por qué lo hacemos y por qué no, medirnos y medir, revisar qué es útil para nosotros y qué no; elegir con libertad sin importar lo que diga la tradición ni la moral. Quizá se trate de reconocer los mandamientos que nos pusieron, a través de los cuales nos hemos acostumbrado a vivir durante décadas. Revisar si esos mandamientos tienen algo que ver con lo que lo profundo de nuestro ser nos pide hacer, y si nuestro ser nos pide hacer otra cosa que lo que estamos haciendo, seguirlo. Quizá se trate de revisar las tradiciones que seguimos desde pequeños, nuestros hábitos y costumbres, y revisarlos muy bien, porque pueden disfrazarse de nosotros mismos; pueden estar tan anclados en el subconsciente, tan identificados con el ego, y tan poco reconocidos por su *ser esencial*, que creemos que eso que hacemos somos nosotros. Quizá se trate de observar los mandamientos de los clanes que se tomaron como leyes universales y medir a qué distancia se encuentran de nuestro centro (con que se encuentren solo a un centímetro de distancia, ya no nos pertenecen); revisar si nos programaron a través de premio y castigo, y tenemos depositada en nuestro subconsciente la loca idea de que si hacemos esto de cierta forma, recibimos el premio y si lo hacemos de otra forma, recibimos un castigo. Quizá se trate de revisar los ejemplos que imitamos de niños, salirse de las definiciones de cómo es el mundo y cómo son las personas, permitirse ver más allá de eso y permitir vernos.

Cuando repiten y respetan tradiciones, costumbres y hábitos en forma ciega no se están viendo, no saben quiénes son, siquiera observan cómo se comportan habitualmente; están bajo grados profundos de hipnosis, sin reconocer su verdadera naturaleza. El trabajo con uno mismo se trata de transgredir las reglas del clan, no para luchar con otro, sino para sacarse el disfraz que utiliza y que ya queda bastante incómodo. Y cuidado al salirse del clan; no respondan a las amenazas, no respondan a los ataques, no respondan a la violencia de los que aún están metidos dentro y ven como traición su actuar. Vivimos en un mundo que persigue y ataca a los que se salen del clan, un mundo que es capaz de meterlos presos o asesinarlos por haber roto la tradición. El nivel de identificación con las ideas locas está tan alto que muchos son capaces de sacrificar sus vidas para defender una causa que no les pertenece, que desconocen, que no forma parte de su *ser esencial*; pero están tan aferrados a ella que no sabrán hacer otra cosa. Es útil revisar las cosas inútiles y perjudiciales que se hacen y que le hacen al mundo por seguir las normas del clan, por tenerlas en las venas y en las arterias y no reconocerlas, por negar la propia naturaleza y esencia.

Hubo momentos en la historia en que matar no era malo, sino que era una necesidad de supervivencia. Hubo momentos en la historia en que el incesto no era malo, sino que era una necesidad de supervivencia. Hubo momentos en la historia en que comer carne no era malo, sino que era una necesidad de supervivencia. Sin embargo, porque antes era útil, no quiere decir que ahora lo sea. Lo útil no es útil para siempre, lo inútil no es inútil para siempre. Todo cambia. La vida se mueve. Nada permanece (solo la esencia).

En una ocasión estaba en una conferencia y pregunté: ¿Qué es portarse bien? Alguien me contestó que obedecer era portarse bien. Me dio una respuesta que me hizo temblar; hablaba de obedecer las reglas de los clanes a los que pertenecía, o creía que pertenecía. Creía que portarse bien era seguir los mandatos y portarse mal era dejar de seguirlos. Me atrevería a cambiar la definición de ese «obedecer»; quizá portarse bien fuera obedecer, pero no obedecer al clan, sino obedecerse a uno mismo.

¿QUÉ ES BUENO Y QUÉ ES MALO?

Sería útil revisar a qué llamamos bueno y a qué llamamos malo, antes de hablar del bien y del mal.

Tal vez se esté asociando lo positivo con lo bueno y lo negativo con lo malo. Si este fuese el caso, necesitemos de ambos. ¿Cómo podríamos estar viviendo aquí una vida manifestada, dinámica, si solo contamos con una de las polaridades? Necesitamos la polaridad positiva, la negativa, la neutra y la esencia para poder estar acá. Siendo este el caso, la connotación moral no entraría en juego.

Por otro lado, solemos asociar lo malo con aquel que carga con un gran nivel de inconsciencia, con culpa, rencor o arrepentimiento adentro, sin curarlo, sin perdonar, sin liberarse. Entonces, todo eso que tiene guardado, en vez de quitárselo de una forma útil, lo exterioriza con violencia. Hay un niño dolido dentro suyo que quiere quitarse ese sufrimiento y lo exterioriza como le sale, inconscientemente.

¿QUÉ ES EL ÉXITO Y QUÉ ES EL FRACASO?

Definen *fracaso* como no acertar, no lograr el objetivo, no poder hacer lo que se había planeado, lograr un resultado adverso, no llegar a la meta o llegar después de otro. Definen *éxito* como lograr el plan que se tenía, lograr el objetivo, acertar, lograr un resultado positivo o llegar primero a la meta. Si este fuese el caso, solo podríamos fracasar y el éxito sería un fracaso encubierto.

Si alguien dice que algo sucedió como lo planeó, está mintiendo (se está mintiendo a sí mismo, luego proyecta esa mentira hacia el otro). Para que algo se dé como uno lo planeó, es necesario contar con una voluntad tan grande capaz de mover la voluntad del resto de los habitantes de este planeta. En el caso de que hablemos de alguien que tenga ese poder de voluntad, con ello no alcanza; también tendría que contar con un poder mental tan desarrollado que fuera capaz de influenciar el movimiento de los astros, la danza de las esferas y el ascendente que estas tienen sobre el sí mismo. En el caso de que alguien tuviera este poder mental, tampoco alcanzaría aún; también debería conocer el movimiento de las ondas, sus desviaciones y cambios, contar con un intelecto tan desarrollado que fuese capaz de calcular los eventos próximos con una exactitud matemática perfecta. Quizá esta persona haya logrado algo o muchas cosas, pero este logro no fue lo que planeó, sino el resultado de haber trabajado, de haber ejecutado actos en plena concentración con perseverancia y sin darse por vencido. Nadie podría planear o controlar lo que iba a hacer, decir y pensar el resto de la humanidad, ni cómo se iban a mover los astros. Quizá haya trabajado, dominado sus poderes, controlado su mente y realizado actos que fueron útiles. Pero eso no tiene nada que ver con sus expectativas pasadas o con el acierto de estas. El resultado, el logro, fue lo que fue, y probablemente no haya tenido nada que ver con lo que pudo haber imaginado en un comienzo.

Puede ser que no haya éxito como lograr exactamente lo que planeamos; y tampoco haya un fracaso como no lograr lo que planeamos. Quizá solo sean puntos de vista sobre el mismo camino (camino al que mejor le irá cuantas menos definiciones le pongamos). Éxito, fracaso, son relativos. No tienen nada que ver con los sucesos que experimentamos. Hay una inteligencia superior trabajando a través nuestro, y la mayor parte de las cosas que suceden no las vemos ni las podemos controlar. Pero eso mínimo que controlamos (lo que pensamos, lo que decimos y lo que hacemos), si lo hacemos con atención, si lo hacemos útilmente, resultará en grandiosos resultados. Si no nos prestamos atención, si no nos autoobservamos, si actuamos en forma reaccionaria, sin ver lo que pensamos, decimos y hacemos, no van a suceder muchas cosas; y lo que suceda va a ser asociado, inocentemente, con «suerte» y «mala suerte». Iremos rebotando de accidente en accidente, caminando a fuerza de golpes, sin aprovechar los poderes con los que vinimos equipados a esta manifestación.

CON AMOR Y TEMOR

Tenemos 613 órganos en el cuerpo. De estos, 365 son órganos negativos y 248 son órganos positivos. Los órganos negativos son los que gestan, acumulan e incuban algo; no son de tránsito, sino que reciben lo que viene y lo trabajan durante un tiempo antes de que pase al estadio siguiente. Son órganos femeninos, receptivos, pasivos, negativos, protectores o de temor. Los órganos positivos son los que transmiten algo; son de paso, inestables, que funcionan como puentes o conductos, haciendo la comunicación de nuestras substancias posibles. Son órganos masculinos, penetrantes, positivos, activos, transgresores o de amor. Ambos forman parte de nosotros y nosotros necesitamos de ambos para poder encarnar en un cuerpo, estar manifestados, vivir en el espacio y el tiempo, y experimentar el paso por este mundo. No hay un tipo que sea malo y otro que sea bueno, sino que ambos forman parte de nosotros. Son las polaridades necesarias que danzan alrededor de nuestro centro, nuestro estado neutral. Todo ello, cubierto por la esencia, da la posibilidad de estar aquí.

El temor nos ayuda a proteger, cuidar, preservar, gestar, incubar. Es la cualidad receptiva y par, la que nos estabiliza y permite la absorción y revelación de los conocimientos, de las emociones, de los deseos y de las necesidades. El amor nos ayuda a transgredir, atrevernos, avanzar, comunicar y transmitir. Es la cualidad activa e impar, la que nos ofrece la inestabilidad necesaria para permitirnos cambiar, penetrar y ejecutar actos, salir de la estabilidad para ir más allá, descubrirnos y expandirnos, ejecutar nuestras ideas, abrir nuestro corazón y compartir, concentrar nuestros deseos y realizarlos, accionar en el mundo y cubrir nuestras necesidades.

Nuestro avance por el mundo es como el avance de los números: de número impar a número par, a número impar, a número par, y así sucesivamente (1, 2, 3, 4, …). Aparecemos (1); nos estabilizamos (2); explotamos saliendo al mundo para accionar (3); nos equilibramos en la tierra (4); instalamos nuevos ideales que nos hacen saltar más allá del lugar conocido (5); nos estabilizamos en el placer, descubriendo lo que nos gusta (6); definimos objetivos a partir de lo que queremos y los ejecutamos en el mundo (7); logramos el trabajo para estabilizarnos en una situación de plenitud (8); salimos del mundo conocido para entregar nuestros conocimientos e ir más allá para seguir avanzando (9); cerramos ciclos pasados y abrimos nuevos (10). Nuestro avance por el mundo oscila como un péndulo entre los números; pasamos de números impares a números pares, pasamos de actos de amor a actos de temor, pasamos de acciones a recepciones, de dar a recibir, de hacer a estabilizar.

No hay uno bueno y uno malo, todos son positivos siempre y cuando sigamos avanzando. La estabilidad nos ayuda a fortalecernos y sembrar; sin embargo, demasiado tiempo detenidos en la estabilidad, transforma la fortaleza en tiranía y la siembra jamás brotará. La transgresión nos ayuda a avanzar y mover el suelo después de la cosecha; sin embargo, demasiado tiempo moviéndonos en la transgresión, transforma el avance en una lucha eterna y el suelo que se mueve luego de la cosecha no se deja de mover, no deja espacio para nuevas siembras, sino que las mantiene en un constante estado de estrés. No se trata de solo amor y evitar el temor, sino de buscar la justa medida para ambos. Se necesita del amor para transgredir la situación establecida y avanzar a la siguiente. Se necesita del temor para proteger y estabilizar, para sentarnos y absorber lo experimentado, aprender de ello y prepararnos para el avance siguiente. Uno sin el otro se volvería estéril. Sin el temor, el amor sería pura transgresión sin llegar jamás a ningún puerto. Sin el amor, el temor sería pura sentada, quedaría guardado en un cuarto cerrado, metido dentro de una caja, sin descubrir lo que hay fuera, sin atreverse a ver el mundo más allá. En una casa donde hay más amor que temor, el niño transgrede dentro. En una casa donde hay más temor que amor, el niño va a transgredir fuera; adentro será temeroso.

¿TEMOR EXAGERADO O FALTA DE AMOR?

Estamos en un momento de la historia en que se ataca al temor como si fuese el enemigo del mundo y se alzan las banderas del amor como si fuese el salvador. Si alguien no se permite hacer cosas y está reprimido, se le dice que tiene que matar el temor, que el temor lo está atrapando y no sale del encierro por culpa de este. Jugando al juego de jugar con las palabras: ¿será que el temor no es un enemigo, sino que en aquella persona que no se permite hacer lo que quiere hay falta de amor? Si el temor nos ayuda a proteger y el amor nos ayuda a transgredir, aquella persona encerrada en la estabilidad quizá tenga un temor exagerado instalado en su subconsciente, como también podría ser que carezca de amor y eso no le permita reunir el coraje necesario para transgredir. Ambos son útiles y ambos son necesarios, ambos son interdependientes y trabajan interactuando entre sí.

FORTALECIENDO LAS RAÍCES

Si lo que nos detiene es un temor exagerado y una falta de atrevimiento a sumergirnos en la aventura de la vida, es útil revisar por qué sucede esto y dejar de hacer una propaganda en contra de una de nuestras polaridades. Un árbol con raíces débiles se cae frente a una gran tormenta; un árbol con raíces grandes y fuertes sigue de pie luego de esta. ¿Cuál es la diferencia entre ambos árboles? Sus raíces.

Cuando hay un buen enraizamiento, contamos con una base sólida y fuerte. El temor no será techo, sino suelo, no será lo que nos limite sino lo que nos potencie. El amor no será algo inalcanzable sino algo posible, no hablará como cobardía sino como valentía. Un buen enraizamiento ofrece la confianza en el proceso natural, el piso estable sobre el cual accionar. Cuando hay seguridad en la tierra, se cultiva valentía. Mayor presencia de tierra en todas sus formas fortalece el enraizamiento; ofrece el elemento base que nos sostiene. Más raíces da más seguridad, una base sólida, un soporte, sentido común, confianza en el proceso natural y fuerza. Menos raíces fortalece al miedo, el temor, la preocupación y debilidad. La confianza en el proceso natural ofrece la comprensión de los ciclos de la vida, saber que todo lo que nace muere, comprender que todo va cambiando, conocer la regularidad y la disciplina, y reconocer que las emociones no son nuestras sino que funcionan como olas que van pasando: que tienen que ver con un ser que está parado sobre un planeta que está girando con otros planetas alrededor de una estrella, y que todos están girando junto con otros sistemas alrededor de una galaxia, y que esta galaxia está girando junto con otras galaxias alrededor de un universo; y que todo esto nos afecta. Para fortalecer el enraizamiento es útil incluir más naturaleza en nuestro día, poner las manos y los pies desnudos en la tierra, reconciliarse con el cuerpo, cuidar plantas, cuidar animales, trabajar antecedentes, trabajar el árbol genealógico, trabajar los *chakra Muladhara* (raíz) y *Svadhisthana* (sexual), hacer un balance de las cuentas, hacer un balance de las relaciones, sumar más actividades físicas y clarificar bienes.

DE LA PREOCUPACIÓN A LA CONFIANZA

La mente en su estado más primitivo estará trabajando en los modos de actuar de agitación mental y pasará a dispersión mental cuando tenga algún indicio de objetivo. Este tipo de mente estará saltando en el espacio tiempo repetidas veces al día; imaginando cosas a pasado o a futuro, proyectando, especulando, recordando, añorando, y una gran lista de etcéteras. Al estar inquieta y necesitar la resolución de todo, no tendrá paciencia, se desesperará de lo incierto y buscará crear resultados imaginarios a toda duda futura con el fin de no dejar abierto ningún espacio. Va a preocuparse de todo lo que vendrá. Va a dudar si lo que está haciendo es correcto, y preocuparse por su desenlace siguiente; va a preocuparse por sus seres queridos, por su trabajo, por su desarrollo, por sí misma, por el mundo, por un cometa que caiga a la tierra y por el fin del mundo; va a preocuparse por toda posible idea que se instale en su mente y tenga la posibilidad de armar una gran bola de nieve alrededor de esta excusa.

La preocupación es perjudicial para uno mismo, para el otro e incluso para el mundo. Cuando hay una mente preocupada, se instala una emoción inestable en el ambiente capaz de generar estrés a todos los presentes. Como los pensamientos y las emociones son ondas que viajan más rápido que la luz y recorren largas distancias, cada vez que la mente se preocupa está afectando al cuerpo físico que maneja, a los seres que tiene a su alrededor y al mundo entero.

Adicionalmente, la preocupación quita energía vital, desperdicia vitalidad al generar diálogos mentales, genera temblores del cuerpo emocional, estrés físico, e incluso posible afectaciones a la salud.

Estamos trabajando acá (en el presente), ocupándonos de lo único que podemos ocuparnos, lo que hay sobre la mesa, lo que tenemos a nuestra disposición. Preocuparse es colocar la atención en lo que no hay sobre la mesa, en vez de ponerla en lo que hay. Preocuparse es tratar de encargarse de lo que no está aquí, de lo que vendrá y aún no vino, situando la atención en resolver algo que no requiere hoy resolución. De esta forma se generan dificultades y un problema sobre algo que no lo era, pero se volvió uno. No solo afecta al presente, sino que también afecta al futuro, cambiando su trayecto. Suele suceder que el futuro no se da como se lo imaginaba. Sin embargo, el preocuparse provoca su manifestación: atrayendo lo que se teme, quien se preocupa es capaz de concebir el problema que anticipaba.

Además, la emoción inestable que se deposita en el ambiente afecta; estarán lanzando olas de inestabilidad que los alterarán a ustedes, a su familia, a sus amigos y al mundo.

Una mente que se entrena sabrá que el futuro es incierto, que lo desconocido es la ley sobre la que avanza y que está bien que así sea. No se preocupa de lo que no puede controlar, sino que se ocupa de lo que sí está bajo su alcance. Da lo mejor de sí misma en cada uno de los instantes para construir, paso por paso, confiando en el futuro. Hace, confía y entrega lo que no puede controlar a lo desconocido, con confianza.

Quien se preocupa está intentando controlar algo de lo que no puede ocuparse, porque pertenece al futuro. Quien se ocupa se está dedicando a lo que está presente, a su alcance.

Instalar la confianza como una herramienta presente y como una herramienta futura resulta útil para acompañar el trabajo que se va haciendo. Dar lo mejor en cada uno de los instantes alcanza para lograr lo que sea que nos propongamos. El sol sale todos los días y no falta a su deber; la naturaleza vive a través de un proceso natural que realiza muy bien. En vez de trabajar para intentar controlar las ondas de sol o la frecuencia e intensidad de la lluvia, cosas que están fuera de nuestro alcance, podemos confiar en que ellas harán su trabajo por sí mismas. Es poco lo que controlamos, y eso que controlamos podemos hacerlo de la mejor manera posible, sin preocuparnos por lo que está más allá de nuestro alcance, dándole un uso eficiente al tiempo, dándole lo mejor de uno mismo para cada uno de los instantes. Así, piedra por piedra, se va construyendo un castillo.

Si uno está pensando solo en el castillo, se desespera; ve la inmensa construcción y no sabe cómo va a hacer para levantar algo así, se preocupa y termina dándose por vencido sin siquiera tratar, o tratando y dándose por vencido frente al primer fracaso. No sabe cómo hacerlo y queda en la nada, o lo intenta, fracasa y renuncia. Está con ganas de tener el resultado completo, ansioso, mirando el futuro, no viviendo el ahora, lo que hay, entonces se desespera, lo ve muy difícil, imposible, renuncia y se va a hacer otra cosa. No se trata del logro, sino del trabajo hecho para lograrlo.

No se trata de preocuparse, sino de ocuparse y seguir. Lo mejor que podemos hacer por el futuro está ahora, lo mejor que podemos hacer por el pasado está ahora, lo mejor que podemos hacer por nosotros mismos está ahora y está aquí. Si no está aquí, no está en ningún sitio. Se trata de confiar; de definir un objetivo, trabajar con la mente, ordenarla, organizar, guiarla por su dirección y avanzar de presente en presente, de instante en instante, haciendo lo mejor posible en cada uno de los momentos, colocando la atención en estos, maximizando nuestro dar en cada una de las circunstancias. Si estamos progresando, ya es un gran paso.

EL *NO* SIEMPRE ESTÁ

De joven me daba vergüenza ir a hablarles a las mujeres. Me encantaban, quería invitarlas a salir, pero no me atrevía. Un día mi padre me dijo algo que me cambió todo: «El *no* siempre está».

Detrás de esa frase se encontraría algo muy grande que fui descubriendo; el *no* siempre está. Cuando no lo hacemos, es como si fuese un *no*, seguimos en el estado estable, sin cambios ni novedades. Cuando se hace, el *no* puede transformarse en un *sí*; y si no sucediera, se vuelve al antiguo *no*, pero esta vez con una diferencia: se nos dio la posibilidad de aprender algo (y hablamos del aprendizaje vivencial, el que resulta de la experiencia y no de la teoría).

Más tarde, llevé ese *no* más allá de invitar a salir a alguna mujer; comencé a aplicarlo a todo lo que me generaba dudas y a todas las situaciones en las que quería atreverme; me funcionó como ayuda para aventurarme; hiciera lo que hiciera sabía que el *no* ya estaba presente. Y a veces me encontraba con algún *sí*.

Entonces me encontré con que aparecían otros *no*; el *no* de la familia, el *no* de los amigos, el *no* de la sociedad, el *no* de la cultura, el *no* de la religión, incluso el *no* de los desconocidos. Descubrí que el apoyo de otros es algo extraordinario, y que está bien que así sea.

La manada avanza toda junta en una misma dirección, sin preguntarse por qué lo hace, sin medir lo que está haciendo; siente que pertenecen y eso le alcanza para seguir sin revisar lo que hace, por qué lo hace y para qué. De repente, a alguien se le ocurre preguntarse estas cosas; naturalmente, se encontrará con que ya no corre con la manada, ahora está detenido o camina contra la corriente. El resultado de este avance contra la corriente será la resistencia misma de la corriente. El *no* de todos los que lo rodean. Unos lo utilizarán para luchar, otros vencerán la posibilidad de la lucha y lo utilizarán para potenciarse.

EL AVIÓN VUELA GRACIAS AL VIENTO EN CONTRA

Quizá eso mismo es lo que nos haga tomar vuelo; no ir contra los otros, sino dejar de avanzar con la corriente y ponerse a avanzar con la corriente interior.

Si uno se atreve a salirse del mandato y ponerse una meta, definir una dirección, aunque no sepa cómo lo hará, es posible que logre algo. En consecuencia se trata de no preocuparse, sino ocuparse; de avanzar paso a paso, ocupándose de cada uno de los pasos y urdiéndolos lo mejor posible. Así se avanza, y así se llega a algún lado. Luego descubriremos a dónde llegamos. Quizá este sea el trabajo necesario para buscar y para llegar, y llegaremos adonde el misterio nos reciba guiado por nuestros pasos.

LO DIFÍCIL DEJA DE SERLO CUANDO SE HACE

No saben cómo, no lo conocen, nunca antes lo hicieron, se ve difícil. ¿Eso sería excusa suficiente para no atreverse? «No puedo», escucho repetidas veces al día… ¿Por qué no puedes? ¿Porque no te lo permites? ¿Por qué alguien te dice que no? ¿Porque no lo intentas? ¿Porque aún no encontraste la forma? Quizá los «No puedo» dichos son la única barrera que hay antes de hacerlo.

Todo lo posible comenzó imposible. Lo difícil deja de serlo cuando se hace. Una vez que es hecho ya deja de ser difícil, ahora es fácil. Una vez que lo hacen ya deja de ser imposible, ahora es posible.

Si revisan gran parte de las actividades que ahora les resultan sencillas y logran hacer una regresión, descubrirán que se veían difíciles o imposibles antes de habituarse: escribir, hablar, caminar, andar en bicicleta, hacer cuentas matemáticas. Tuvieron que atreverse, poner su intención y trabajar hacia ello. El estudio no les garantizó nada, fue necesario poner el cuerpo en acción y llevar todo a la práctica; atreverse a acceder a la locura y lanzarse al acto. Porque el conocimiento intelectual no alcanza para llevar a cabo algo, es necesario bajar la idea al corazón; experimentarla para sentirla y aprehenderla. Antes de hacer algo parecía complicado, una vez que lo hicieron ya no tanto. Construir un cohete para viajar a la luna suena bastante complicado; sin embargo si estudian y ponen manos a la obra, comienzan a hacerlo, paso por paso, son capaces de lograrlo. Una vez hecho pueden mirar hacia atrás y se verá todo el trayecto recorrido, no fue tan difícil como parecía; y si era imposible, ya lo hicieron posible.

Lo difícil no existe como tal; es una definición realizada sobre la base de necedad, vagancia, identificaciones que generan límites y cierto futurismo loco. Se utiliza lo difícil como excusa, palabras para justificar la voluntad de no hacer. Si se atreven a hacer, una vez que ya están con las manos en la obra, verán que lo hecho hasta el momento no era tan difícil como parecía. Luego, es necesario abrir opciones, acceder frecuentemente a la mente inestable, para ofrecernos alternativas y distintas puertas, o para romper la pared, o para hacerle un hoyo y construir una ventana. Sea lo que sea para acceder a más alternativas y que no haya excusas para no seguir.

Si definen un objetivo, si van decidiendo direcciones y organizan los elementos presentes en cada uno de los instantes, avanzando y estudiando, verán que todo es posible. Además la mente se entretendrá con algo útil. Se irá logrando, con paciencia; las expectativas irán bajando, el milagro irá emergiendo.

¿EL TAMAÑO IMPORTA?

Sin importar si es un objetivo gigante o uno pequeño; si se plantean objetivos y se quedan con la mirada allí, pueden desesperar, la mente comienza a accionar descontroladamente, instalan emociones negativas y finalmente abandonan la búsqueda. Si se plantean objetivos y luego de definirlos bajan la mirada al presente, para encargar a la mente de organizar y decidir direcciones, pueden ir realizando, paso por paso, el camino hacia sus metas.

Nuestro andar funciona a través de fractales; un gran objetivo incluye pequeños objetivos; y cada uno de los pequeños objetivos incluye objetivos más pequeños. El objetivo de escribir un libro útil cubre a los objetivos de escribir capítulos útiles, que cubren el objetivo de escribir párrafos útiles, que cubren el objetivo de escribir oraciones útiles, y así sucesivamente. Es entonces que, para el logro de cualquier objetivo, sea del tamaño que sea, es necesario volver la atención al presente e ir ocupando a la mente en llevar a cabo cada uno de los pequeños y significantes propósitos; cada una de las piedras del castillo, capaces de construir nuestro templo sagrado.

CUESTIÓN DE SUERTE

La mente descontrolada definirá la suerte como un azar divino; algunos la tienen, otros no; en algunas circunstancias tenemos suerte, en otras no. La superstición barata definirá la situación de acuerdo con el azar divino, a cuestiones de buena y mala suerte. Quizá no sea como parece. Quizá la suerte como tal azar divino no exista, sino que sea el resultado de una construcción y un diálogo. Quizá la suerte sea el encuentro entre la preparación, la oportunidad y nuestro diálogo con el silencio; y veamos la oportunidad cuando tengamos bien abiertos los ojos. Es muy pequeño lo que controlamos; pero si le ponemos atención a eso pequeño que controlamos, las cosas cambian sustancialmente. Con ese poco que controlamos, podemos construir la suerte y dejar de esperar que por algo azaroso o cuestiones de espectaculares supersticiones se den las cosas como las buscamos. Con atención puesta en nosotros mismos podemos abandonar el «Hoy fue así, ayer fue así, mañana fue así», «Me enfermé... ¡qué mala suerte!», «Me dieron un aumento... ¡qué buena suerte!», y otras formas de accidentes que no observamos. Quizá nada sea casualidad y todo sea una red de causalidades, y lo que nos suceda sea un resultado de lo que pensamos, decimos y hacemos más nuestro diálogo con el misterio.

Al prepararse, trabajar sobre uno mismo y educar la mente, la atención estará aplicada para tomar las oportunidades que aparezcan y accionarlas. Prestando atención a lo que piensan, dicen y hacen, quizá descubran una red de sincronías y causalidades que hacen esfumar la casualidad y la suerte. Serán ustedes jugando el juego y dejando de padecerlo.

TOMARSE EL TIEMPO PARA HACER CADA COSA

Si nos atrevemos a comenzar, y pasar de comienzo en comienzo, a hacer cada paso lo mejor posible, será útil revisar el tiempo que estemos tomándonos para hacer cada cosa. Si tomamos distancia de la mente, y no solo la estamos entrenando, sino que además tomamos el control de ella, será útil darle el tiempo suficiente para cada cosa que hagamos. No dejarnos llevar por la dispersión mental, sino hacer cada cosa que se quiera hacer, con la mayor concentración y atención posible, tomándonos el tiempo que requiera.

La mente descontrolada se atolondrará; verá todo lo que quiere hacer e intentará hacerlo al mismo tiempo. Como resultado, se desesperará y entrará en una fase de descontrol, verá muchas actividades y no se organizará, se asustará y terminará sin actuar o actuando sin atención. Luego, la persona terminará emocionalmente inestable, con una mala administración de su energía vital, doblada, estresada, sin saber cómo hacerle frente a lo que quiere hacer.

No se trata de la cantidad de cosas que hacemos, sino de cómo las hacemos. Si se presta atención a cada detalle a medida que se va haciendo, si se toma el tiempo para hacer cada cosa, no va a importar la cantidad de actividades por hacer, todo será posible, de a una cosa a la vez. Se trata de poner toda la atención en lo que estamos realizando y, una vez finalizado, detener la inercia y pasar a la siguiente actividad en plena presencia, dando lo mejor de uno nuevamente, poniendo toda la atención y dándole el tiempo que requiera.

La idea es tomarnos el tiempo para hacer cada cosa. Nos ayuda a estar presentes y no saltar detalles.

QUE EL MOTIVO DE BÚSQUEDA SEA MAYOR QUE EL MOTIVO DE HUIDA

Es útil revisar desde dónde vienen nuestras decisiones y por qué las estamos tomando. Algunas decisiones están motivadas por una búsqueda, porque van hacia algo, mientras que otras están motivadas por una evasión, porque huyen de algo. Otras veces las decisiones están compuestas tanto de búsquedas como de huidas.

Sea cual sea la influencia de la decisión, es útil revisar que el motivo de búsqueda sea el mayor; que estemos avanzando hacia un objetivo y no estemos avanzando para escapar. Porque si se trata de un escape, la sombra siempre nos seguirá. Si no hay algo que se resolvió en el pasado, va a aparecer el mismo obstáculo en el futuro; hasta no resolverlo, se seguirá repitiendo una y otra vez. Por eso es que hay muchos que cambian todo (lo externo) para no cambiar nada (lo interno). Viven huyendo, cambiando todo, y no modifican nada porque el foco de su falta de reconocimiento sigue acompañándolos.

Si toman decisiones motivados por una búsqueda, el caminar se dará naturalmente (visualicen a una persona avanzando, mirando hacia el frente). Por otro lado, si toman decisiones motivados por la huida, caminarán hacia delante pero con la mirada hacia atrás. Si hacen esto, el resultado será evidente: chocarán con todo lo que venga por delante porque no lo verán venir, no prestarán atención a lo que sucede ahora o después, porque tendrán la mirada anclada en lo que estén dejando, de lo que estén huyendo.

Si hay un conflicto, es útil hacerle frente y resolverlo, no escapar. Si no pueden enfrentarlo, tómense un tiempo, denle espacio a la mente, *desidentifíquense* de la afectación, y cuando encuentren la sagrada indiferencia al respecto, vuelvan a reconocerlo para cerrarlo con salud; perdonando, perdonándose, agradeciendo, cerrando y siguiendo.

SIN PEDIR PERMISO

No pidas permiso. No necesitas la aprobación o el permiso del otro para ser. No pidas permiso. Eso lo hace el niño que está aún bajo el nivel de consciencia en que necesita que le manden qué hacer y qué no. A pesar de esto, hay varios adultos que siguen bajo ese nivel de consciencia, entonces se buscan una pareja o un jefe que les diga qué hacer. Ya no lo necesitan. Háganse cargo de sí mismos, de lo que piensan, sienten, desean y necesitan. Vienen equipados con todas las herramientas necesarias para llevar una vida plena. No necesitan la aprobación de nadie ni la aceptación de nadie para ser quienes son. Atrévanse sin pedir permiso.

ENTRE HACER Y NO HACER: HACER

Vuelvo al comienzo de esta sección; el *no* siempre está. Tomar consciencia de esto nos impulsa al cierre del capítulo: entre hacer y no hacer, hacer. Quien no hace por miedo a sufrir, sufre por no hacer.

Si se ha abierto la duda, si hemos accedido a la mente inestable, si se han abierto las posibilidades, lo único que queda es atrevernos a avanzar, tomar decisiones desde el intelecto, para ir hacia nuestro próximo estado. Si no nos atrevemos a actuar, nos quedaremos con la duda en plena inestabilidad, o volveremos para atrás, a depositarnos en un estado que pudo haber sido de comodidad, pero ahora se acerca más a un falso bienestar; a un sufrimiento escondido. Si ya se ha abierto la duda, atreverse a avanzar puede generar aprendizaje y evolución, sea cual sea el resultado del avance.

EL SUFRIMIENTO ES UNA ELECCIÓN

El dolor con el tiempo pasa. El sufrimiento es opcional y dura el tiempo que lo mantengamos con nosotros. Puede pasar sin sentirse, puede detenerse y retenerse por el lapso en que lo sujetemos mentalmente.

El sufrimiento es la elección de una mente en un estado descontrolado, que toma algo y escarba repetidas veces, generando un gran problema alrededor de una excusa. Esta mente descontrolada es capaz de tomar esta excusa, proyectar un sufrimiento y trabajar tanto a su alrededor de modo tal de llegar al sufrimiento de toda la humanidad. No solo eso, sino que también es capaz de cargarlo durante toda la vida. Utiliza el poder de la concentración para inflar el sufrimiento, en vez de realizar actos útiles, avanzar en objetivos definidos o realizar sus deseos. Coloca la atención en la insatisfacción autogenerada y fabrica una gran historia a su alrededor.

El sufrimiento es un maestro, de los más bravos. Es el que nos atormenta para que nos encarguemos de resolverlo. Es una señal que se pone frente a nosotros y dentro de nosotros, gritando y pidiendo atención.

Si hay un sufrimiento es que ahí hay algo. Y el ahí no es un ahí afuera, sino que es un ahí adentro. Decir que sufrimos por algo de afuera es poner una excusa, es exteriorizar la responsabilidad para seguir manteniendo en la sombra aquello que no queremos reconocer. Y mientras no sea reconocido, no habrá solución posible, será algo que desconoceremos, que nos someterá día y noche, sin que le veamos el rostro. Nos atormentará sin que sepamos qué es. Se puede pasar toda la vida sin haber aprendido nada. Se puede pasar toda la vida sin reconocer lo que oculta el sufrimiento, sin comprender, desesperado, sin hacer un trabajo interior.

Si hay un sufrimiento, es útil darse la vuelta, observar la sombra y reconocer qué es lo que hay dentro de nosotros que está pidiendo ayuda, qué es aquel sufrimiento; por qué estamos sufriendo y qué oculta. Una vez reconocido, es posible darnos espacio, para tomar distancia y *desidentificar* el ego. Para esto es necesario someterse uno mismo a la indagación; investigarse y ser el objeto de estudio de nuestro propio laboratorio.

Si resulta difícil tomar distancia y el sufrimiento está muy presente, es útil pasar al ciclo activo: actividades físicas y mentales que nos quiten del ciclo pasivo (en el que el sufrimiento crece y crece sin detenerse), entretenimiento mediante actividades sanas, que nos den el espacio suficiente para que el sufrimiento tome otra perspectiva. Entonces, sí será posible darle espacio a la mente y *desidentificar* el ego, salirnos del sufrimiento y verlo como algo pequeño e insignificante.

El dolor es otra cosa; el dolor es algo físico y el sufrimiento es algo emocional, como resultado de algo mental. El dolor físico pasa; si uno le hace frente y lo reconoce, durará lo que tenga que durar y luego pasará. Siempre pasa. Es inevitable cuando sucede. Pero si uno no se identifica con él, lo reconoce y lo ve, notará cómo dura un tiempo y luego pasa.

El sufrimiento se puede evitar. Durará cuanto uno quiera que dure. Si uno se reconoce constantemente, si se autoobserva, domina su mente y controla sus actos en el mundo, es posible no entrar en aquel sufrimiento. Y en el caso en que suceda, si se sigue la actividad de autoobservación y entrenamiento mental, se podrá hacer el trabajo de forma veloz para no entrar en el juego, no escarbar, no hacer crecer al sufrimiento, no mantenerlo, reconocerlo, reconocer la señal, aprender, agradecer, bendecirlo y salirse.

LA CULPA Y EL ARREPENTIMIENTO MATAN

Los «hubiese» no existen. El camino tomado fue el único posible. No hay vuelta atrás. Coloca tu atención en cada presente, porque es todo lo que tienes. Cuanto más le des al presente, más te darás a ti. Cuanto más te quites del presente, más te quitarás. Una vez tomada la elección, no vuelvas a mirar hacia atrás, pon toda tu atención en dar lo mejor de ti en el camino. Hasta que se abra una nueva duda, hasta que se abran nuevas posibilidades; entonces vuelve a levantar la vista y elige con valentía cuál será tu nueva decisión; tómala y vuelve a poner tu atención en el camino, en cada uno de los pasos, en dar lo mejor de ti a cada uno de los instantes. No hay vuelta atrás, no hay *ctrl+z* en la vida, no hay espacio para las culpas ni los arrepentimientos, no hay espacio para cargar inútiles mochilas, no hay espacio para boicotearnos ni asesinarnos con cosas inútiles. Date a ti lo mejor de ti y dale al mundo lo mejor de ti.

> *«La culpa no ayuda. Cuanto más tiempo permanece el ser en el agujero negro de la culpa, más difícil le resulta salir, y si permanece prolongado tiempo allí, muere. La culpa ha sido transmitida de generación en generación por miles de años. Conocer su raíz y funcionamiento es fundamental para no caer en ella. Absorbe la energía vital y no genera novedades. Cuando el ser está inmerso en el sentimiento de culpa, no funciona dinámicamente para realizar su obra, actúa como un zombie incapaz de relacionarse nutritivamente y su presencia se vuelve insoportable para el ambiente optimista. La moral antiguamente construida que sostiene a la culpa como un valor o virtud no le sirve al ser. La moral que, sin experimentar, define como "bueno" y "malo" deriva en culpas que no le sirven. La moral consciente se construye a través de la experiencia de ser.»*[9]

Vivimos en un mundo en que la culpa, el arrepentimiento y el rencor están matando a más personas que las guerras. Estos asesinos en serie generan enfermedades y matan diariamente. No son reproductivos. No suman. No vitalizan.

La culpa y el arrepentimiento han sido herramientas muy bien utilizadas por quienes querían dominar masas a lo largo de los años. Cuando se busca que el oprimido esté sediento de ayuda, se descubra inmerso en pequeñas problemáticas y no vea más allá de la jaula en la que está metido, se le introducen culpas y arrepentimientos. Así ha sido durante miles de años y así sigue siendo. Hay una canti-

---

[9] Leandro Taub, *Santo Diablo, op. cit.*

dad inmensa de personas que recibieron una educación basada en la culpa y el arrepentimiento, que cargan con este tipo de afectaciones a lo largo de sus vidas y ellas se transforman en sus grandes excusas para no permitirse ser quienes son, para no vivir sus vidas con plenitud, para no darse lo que se merecen, para no responder a su dignidad de estar vivos y actuar de acuerdo con ella.

Si hay alguna culpa o arrepentimiento, es fundamental liberarse de ella. Expresarlas hasta que no quede nada; no al otro, no de forma insana, sino de alguna forma creativa y reproductiva. Lo mejor de la culpa es no tenerla. No hay nada útil con cargar con culpas y arrepentimientos; lo único que hacen es quitar nuestra atención del presente y de lo que está sucediendo, aturdirnos mentalmente, instalar emociones inestables, quitarnos energía vital, generar enfermedades, y finalmente matarnos.

Si hay alguna culpa o arrepentimiento, es necesario pedir perdón y perdonarse, realizar los rituales necesarios para lograr que el ser tome esta nueva verdad como ley interna; que se perdone el personaje y que pidamos perdón. Si logramos hacer esto, nos liberaremos de la culpa. Si logramos luego seguir avanzando, dando lo mejor de nosotros, no le daremos espacio al surgimiento de nuevas culpas o arrepentimientos; porque sabremos que estábamos haciendo lo mejor posible, que estábamos dando lo mejor que había en nosotros en cada uno de los instantes. Y si sucede algún acontecimiento que amaga nuevamente con generarnos culpas o arrepentimientos, no autoricemos ese pensamiento. Si no autorizamos ese pensamiento, no habrá emoción posible de culpa o arrepentimientos. Y si alguien está intentando responsabilizarnos de algo, echándonos culpas, no debemos entrar en ese juego perverso, no será útil tomar esa culpa o aceptar esa energía negativa. Y si sucede que nos dejamos llevar por las voces, y creamos alguna culpa, será necesario volver a hacer el ritual de pedir perdón y perdonarnos, aceptar el ritual y tomarlo, para curar esa herida y seguir.

Lo mismo sucede con el rencor, en forma inversa. En el caso del rencor, estamos generando una culpa y exteriorizándola; estamos culpando a otro de nuestro sufrir. Esto será dañino tanto para nosotros como para el otro (en el caso en que el otro entre en este juego perverso y tome la culpa que le estamos lanzando). Si hay rencor, es necesario entrar en el ritual de perdonar; que el ser tome como verdad y ley el perdón; perdonar y cerrar; perdonar y agradecer; reconocer y tomar la señal que haya presente para aprender, perdonar y seguir sin mirar hacia atrás. Y si aparece el amague del rencor y podemos autoobservarnos antes de entrar en ese juego perverso, será útil revisar qué es lo que estamos exteriorizando, qué es lo que nos ha dolido, por qué nos ha dolido. Buscar adentro para descubrir que el otro no ha sido responsable y no pudo haber sido, que todo es una red de causalidades y nada sucede de casualidad; buscar para descubrir la señal y aprender; buscar para perdonar y no cargar.

Si lastimamos de alguna forma, sea en pensamiento, palabra o acto, será útil pedir perdón y perdonarnos. Cerrar esa herida para andar libres. No cargar más con cosas inútiles para andar sueltos por la vida. Honrar las emociones y hacerlas sagradas; bendecir cada uno de los pasos porque cada paso tiene su razón de ser. Cerrar ciclos y no seguir en círculos viciosos. Quitarnos las astillas psicológicas que nos matan. Cerrar lo pasado y permitir la entrada de nuevas experiencias, nuevas relaciones, nuevas formas. *Lo que fue, fue. Lo que es, es. Lo que será, será.* No se puede cambiar el pasado. Lo que podemos hacer es curarlo y seguir; no cargar con lo inútil y vivir; poner ideas sublimes en la mente y colocarle objetivos útiles. Ser presente con todo lo que nos dé la vida, y darle todo de nosotros.

En el caso que haya culpas, arrepentimientos o rencores, el ritual será pedir perdón, perdonar al otro y a uno mismo, agradecer, cerrar, soltar y seguir. Prácticamente o metafóricamente, hacer la práctica y el ritual para que el *ser esencial* tome esto como una verdad, como una ley universal, cure sus heridas y no cargue con cosas inútiles. Pedir perdón y perdonarnos para curar culpas y arrepentimientos; perdonar para curar rencores; cerrar para darle fin aquellas culpas, arrepentimientos y rencores clausurados; agradecer para bendecir la experiencia vivida; soltar para no cargar con lo que cerramos y entrar en el sagrado olvido; seguir para no entretenernos con el pasado, olvidar las anécdotas, poner objetivos útiles, elegir direcciones, organizar y seguir viviendo.

BENDITO PERDÓN

La práctica del perdón, en todas sus formas, nos libera de las culpas, de los arrepentimientos, del rencor y de todo lo que pueda cargarse del pasado. Es la llave que abre las esposas que nos atan a las cadenas mentales. Es el gran maestro del espíritu en su viaje por el mundo.

No se puede cambiar lo ocurrido, pero se puede cambiar el pasado. No podemos cambiar lo que sucedió, pero podemos cambiar cómo vemos lo que sucedió. Y al cambiar el modo en que vemos lo que sucedió, cambia lo que sucedió en nuestra mente.

La mayoría de las cosas que recordamos no sucedieron como las recordamos. Recordamos solo la parte que la mente mantuvo, la parte de la experiencia que se depositó como memoria en el subconsciente y con la que el ego se encuentra identificado. Si la memoria está instalada, podemos cambiarla o quitarla. Todo lo que entró puede salir, todo lo que no nos pertenece puede cambiar. Toda memoria del pasado puede alterarse. Y al hacer esto, cambia nuestra percepción de lo vivido; influenciando todo nuestro presente y alterando el devenir de lo que vendrá. Cambiando la memoria de lo pasado, cambiamos nuestro futuro. No tenemos la posibilidad de volver atrás y cambiar lo sucedido, pero sí tenemos la posibilidad de cambiar la forma en que la mente percibe lo sucedido. Y al hacerlo cambia todo.

El perdón en todas sus formas es la herramienta que nos *desidentifica* de las memorias sobre las que el ego se encuentra rígidamente identificado. Una vez que soltamos estas memorias, una vez que ya no cargamos con culpas, arrepentimientos, rencores o sus alternativas, podemos reinterpretar la historia, cambiar la forma en que la vemos.

En caso que procedamos a honrar las emociones, bendecir las experiencias vividas y sublimarlas, impulsaremos la mente a entrar en el sagrado olvido, sacarse las piedras del pasado y andar liviana, sin memorias tormentosas y sin cadenas pasadas. Esta es la libertad en su esplendor; la plena aceptación y el sagrado olvido.

EXPRESAR PARA CURAR

Expresar cura. Lo que retenemos y no dejamos salir, lo que obstaculiza el fluir natural de nuestras substancias, lo que obstruye la circulación de la mente, las emociones, la sexualidad o el cuerpo: intoxica. El agua que no fluye se estanca. Y donde hay agua estancada, donde hay intoxicación, puede emerger la enfermedad. Expresar cura. Cuando expresamos reproductivamente, estamos sacando lo que estábamos reteniendo; colaborando con nuestra circulación, y en consecuencia contribuyendo con la preservación de nuestra salud.

Expresar hacia la naturaleza, expresar creativamente, expresar a través de obras, expresar a través de escritura, expresar a través de pintura, expresar a través de cantar, expresar a través de deportes, expresar a través de ejercicios. Toda expresión que nos descargue nos ayuda a soltar lo que estábamos sosteniendo. Por eso los deportistas son tan saludables; no solo por el trabajo físico, sino porque al hacer deportes están trabajando también a nivel mental, emocional y sexual: están descargando a través de su movimiento físico.

El estrés es el resultado de retener; en vez de luchar o huir cuando hay una amenaza, en vez de expresar cuando sucede algo y nos preparamos para expresar, estamos reteniendo ese movimiento interno. No luchamos ni huimos, retenemos todos los movimientos internos (psicológicos, emocionales, sexuales y físicos); entonces, entramos en cuadros de estrés. Retenemos algo adentro que no estamos dejando soltar. Expresar nos ayuda a salir del estrés.

Cuando le sumamos al estrés un pobre enraizamiento, cuando instalamos ideas restrictivas, o cuando hacemos una mala administración de nuestra energía vital, el cuadro de la persona pasa a una situación de depresión. Al no tener una base sólida, no confiar en el proceso natural —siquiera comprenderlo—, no hay fuerza, solo hay intelecto, no hay comprensión de los eventos, no hay sentir, no hay experiencia en la carne; un suave viento derrumba al árbol; un cuadro de estrés con pobre enraizamiento conduce a la depresión. En este caso, en primer lugar, será necesario pasar al ciclo activo, salirse del ciclo pasivo, hacer actividades físicas. Una vez presentes en el plano mental activo, se podrá trabajar en fortalecer el enrai-zamiento; darle más tierra al cuerpo, llevar al sentir los ciclos de la naturaleza, comprenderlos y reconectarse. Luego, será posible hacer ejercicios de expresar para curar y mejorar la salud.

Expresar a través de sacudir, expresar a través de descargas, expresar a través de ejercicios de respiración; relajar la mente, relajar al cuerpo, frenar la inercia, darnos el tiempo para hacer cada cosa, estar presentes en cada situación, sugestionarnos positivamente, ins-talar afirmaciones reproductivas; todo eso nos ayuda a estar bien con nosotros mismos, expresar y construir nuestra salud.

TENEBROSAS ILUSIONES

Uno de los motivos mentales que más insatisfacciones genera, y como consecuencia directa más sufrimiento trae, son las expectativas y la confusión de lo real con lo imaginado.

Si el ego se identifica con la expectativa y la proyecta, y luego las cosas no se dan como había imaginado, la mente generará una insa-tisfacción que depositará en su subconsciente, provocando inestabi-lidad psicológica, emocional y física, afectando el funcionamiento del aparato a través del cual vivimos, y será capaz de generar sufri-miento. Si el ego se *desidentifica* de las expectativas, no las proyectará hacia el mundo, la mente no medirá los acontecimientos de acuerdo con estas y aceptará las cosas como son.

Lo inesperado siempre vendrá, lo esperado no necesariamente.

Una familia se va de vacaciones por una semana a Hawai. Lle-gan al hotel y en el instante previo a salir a la playa, comienza una fuerte tormenta. Pasan las horas y la tormenta sigue. Entonces se quedan en el hotel por el día. Al otro día, al levantarse, descubren que aún la tormenta está presente. Pasa el día y se acuestan. Al otro día, al levantarse, descubren que aún la tormenta está presente. Y así sucesivamente, por cada uno de los días de sus vacaciones. Hasta que el último día, cuando están yendo tristes al aeropuerto a tomarse el avión de vuelta, la tormenta se detiene y se ve el sol nuevamente.

Hay quienes lo pasan mal en esa situación. ¿Porqué lo pasan mal? ¿Qué problema hay con que llueva? Es hermosa la lluvia, es útil, es necesaria para la vida en este planeta y hace bien. Sin embargo, hay quienes son capaces de enojarse con la lluvia. Incluso se toman las cosas tan personalmente que se enojan con la naturaleza, creyendo que esta actúa contra ellos, que si llovió fue algo del mundo contra ellos. En esta historia sucedió algo simple: habían instalado una imagen en su mente, se imaginaban recostados, al sol, la arena blanca debajo de ellos, el cielo celeste sobre ellos, el coco con un sorbete en sus manos; la postal de las vacaciones en Hawai. Habían colocado una imagen sobre sus expectativas y se imaginaron que así serían sus vacaciones, proyectaron esta imaginación y le creyeron tanto que la tomaron como realidad. Entonces llegaron a Hawai, se encontraron con que lo que sucedía no tenía nada que ver con lo que habían imaginado y juzgaron la realidad con su imaginación, midieron lo que había sucedido respecto a lo que imaginaban que sucedería. El contraste con el que se encuentran es grande, la realidad no se acomoda al molde de la imaginación. Como resultado se frustran, instalan una insatisfacción, se angustian y son capaces de crear un sufrimiento a partir de esto.

Si la realidad alguna vez coincide con lo que imaginaron que sucedería, será pura casualidad. No manejan la humanidad, el planeta y el universo, no tienen la capacidad de hacer que lo que suceda sea exactamente lo que esperan.

Una mente descontrolada mezclará todo; confundirá lo imaginado con la realidad y juzgará la realidad respecto a su imaginación. Entonces, buscará forzar el mundo a adecuarse a su molde mental, forzará a los otros a adecuarse a sus expectativas, intentará adaptar la realidad a lo imaginado, y no sabrá disfrutar las cosas simplemente como son. Llueve en las vacaciones. Maravilloso. Hay muchísimas cosas que se pueden hacer mientras está lloviendo. La mente descontrolada confundirá lo imaginado con la realidad en todas sus circunstancias; con su trabajo, con sus relaciones, con su desarrollo, con el mundo, con su mundo. Esperará que la evolución de su labor se dé cómo lo imagina, que su pareja se comporte como lo desea, que su amigo se comporte como lo anhela, que el mundo se comporte como lo espera. Se aferrará a estas expectativas y luego se frustrará al descubrir que su obra o su trabajo no ha evolucionado como lo imaginaba, que su pareja no ha hecho lo que deseaba, que su amigo no se ha comportado como quería, que el mundo no hizo lo que decía. No esperan que su trabajo pueda fracasar, que su pareja los pueda dejar, que su amigo cambiar, que el mundo no haga lo que querían. Las cosas pueden suceder de un modo distinto a lo imaginado. Es más, es una regla: va a ser distinto a lo imaginado. Si se aferran a las expectativas se frustrarán, instalarán insatisfacciones y generarán sufrimiento. Una mente descontrolada va a juzgar al presente de acuerdo a lo imaginado, y con ello medirá su nivel de éxito y fracaso: «El presente fue mejor a lo imaginado… ¡qué éxito!», «El presente fue peor a lo imaginado… ¡qué fracaso!».

Suelen esperar que el mundo se comporte como lo imaginaban. Luego miden sus éxitos y fracasos basados en el nivel de descalce de la realidad de acuerdo con su imaginación. No va a suceder lo esperado, no está bajo nuestro control; han interactuado muchas fuerzas para que se dé cada cosa como se dio. Para poder generar que se dé exactamente lo que imaginan y esperan que tendrían que tener un nivel de conciencia de santidad, para poder manifestarse en el cuerpo del otro.

Si uno se aferra a las expectativas, y sucede lo no esperado, se genera una insatisfacción. Instantáneamente acumula una energía negativa. Espera esto y sucede lo otro: instantáneamente insatisfacción. Revisen la cantidad de expectativas que depositan diariamente sobre amigos, hijos, familia, pareja, padres, gente de la calle, trabajo, y una gran lista de etcéteras. Luego observen cuántas de estas expectativas se transforman en formas de insatisfacción.

Educar la mente hace que no generemos este tipo de tensiones dentro de nosotros. Que no depositemos imaginarios absurdos sobre un futuro incierto. Y en el caso de que lo hiciéramos, sepamos diferenciar lo imaginado de lo real.

No es lo mismo definir objetivos —lo que hace una mente entrenada— que imaginar locamente, depositar expectativas, aferrarse a ellas y confundir la realidad con lo imaginado. Se pueden definir objetivos y volver la mirada al presente, trabajando en cada uno de los pasos, aceptando que se den las cosas como se dan y accionando sobre el presente de acuerdo con cómo se considere más conveniente, o como uno lo sienta. Si uno está acá, en el presente, viendo las cosas como suceden, puede accionar con el mundo, ofreciéndole lo mejor de sí a cada instante. Si uno se queda aferrado a las proyecciones y expectativas, va a vivir efímeras felicidades y extraordinarias tristezas, efímeros éxitos y fantásticos fracasos, de acuerdo con cómo se dé la realidad respecto a lo que había imaginado. Vivirá con tremenda pasión el contraste entre la imaginación y la realidad, pasando de estado en estado, de expectativa en expectativa, midiendo el mundo de acuerdo con su fantasía.

Una mente que se va entrenando, un *ser esencial* que le da espacio a la mente y *desidentifica* al ego de las imaginaciones y expectativas, tomará las cosas como son, sabrá que lo que sucede, sea como sea, es lo real; y que lo imaginado será para definir objetivos, direcciones o instalar alternativas. Vivirá presente el presente, atento a cada instante, a través de una plena aceptación. Actuará de acuerdo con lo que sucede, y lo imaginado no se transformará en problema o motivo de sufrimientos.

Las cosas son como son, el mundo es como es. Lo mejor que podemos hacer para cada instante es estar en cada instante. Lo mejor que podemos hacer por nosotros mismos es estar en nosotros mismos. Atentos a uno nos volvemos atentos a todo.

Una mente descontrolada está lejos de lo que en verdad sucede; pero en vez de jugar con el mundo, aceptar las cosas como son y darle lo mejor a cada uno de los instantes, supone. Escarba mentalmente, pergeña teorías intelectuales desquiciadas, las cree, las toman como verdades, y luego actúa basada en esto. Plantea algo y se lo cree. Lo toma y juzga al otro, su obra, su trabajo y el mundo en relación con esto. Sigue lo que la lógica y la razón le dicen; sin observar que todas las perspectivas solo ven un pequeño ángulo de la verdad, y que cada una puede encontrar sus razones para creer que es lógico, que es cierto, que es así. Actúa suponiendo. Como resultado de escarbar y especular actúa basándose en locas ideas, que no tienen nada que ver con lo que sucede en la totalidad. Después, de acuerdo con el resultado de sus actos y lo que sucede, adjudica la responsabilidad a la buena suerte o mala suerte. Esta mente toma ideas locas, le cree, le da la razón y adjudica el resultado al azar divino.

Desde afuera se puede ver lo delirante de la situación. Sin embargo, cuando están dentro de ella, creen que su verdad es la verdad, creen que su interpretación es la del mundo. Tomando distancia y observando como un silencioso testigo, se descubre que no todo es así como parece. Si observan como un testigo silencioso verán lo que hay detrás de todo y pueden decir: «¡Qué locura!». Pero cuando están dentro, esa lógica pequeña tiene sentido. Cuando observan desde afuera, pueden descubrir que no ven la realidad del otro, que no todo lo que la mente dice es cierto, que la mente no siempre tiene la razón y que no es necesariamente útil actuar de acuerdo con las suposiciones de una mente descontrolada.

Revisen cuántas veces al día actúan basados en suposiciones en vez de actuar según los requisitos de la situación. Cuántas veces al día adjudican los resultados de los eventos a un azar divino, a la buena o mala suerte.

Quizá nada de esto tenga que ver con la buena o mala suerte, quizá el azar divino no esté actuando así, quizá no se trate de si la mente descontrolada tiene o no razón, o si la mente científica que analiza un pequeño evento sin ver la totalidad le resulta o no lógico lo que sucede. Quizá la mente no siempre tenga la razón. Quizá el mundo trabaje más allá de lo que vemos, y no todo sea tan razonable y lógico, y no todo sea como lo imaginamos o suponemos. Quizá darle espacio a la mente y flexibilidad, absorber otros puntos de vista y dejar de juzgar, aceptar las cosas como son y dejar de suponer, no tomarse todo personalmente y dejar de identificarse con todo lo que sucede, resulte útil para avanzar y dejar de chocar.

La mente encuentra razones para justificar cualquier opinión. Si persiste en modos de actuar de agitación y dispersión, se pasará el tiempo suponiendo, imaginando, depositando expectativas, sospechando, creando fabulosas historias que tapen la incertidumbre con teorías fantásticas, identificándose con estos pensamientos y actuando motivada por ellos.

Pueden probar buscar cualquier circunstancia que hayan definido de alguna forma, que crean que es así, que hayan analizado lógicamente y de la que hayan sacado sus conclusiones. Una vez encontrada esta circunstancia pueden buscarle distintos puntos de vista; verla de otras formas. Pueden verla de tantas formas como se atrevan (accediendo a la mente inestable). Una vez que hayan hecho este ejercicio, pueden atreverse a dejar de juzgar la situación, permitir que el misterio actúe sin que sepan cómo funciona y renunciar a actuar sobre la base del análisis lógico y razonable, para permitir la entrada de la intuición y el sentir. Dejar de intentar llenar lo incierto con teorías, sino permitir hablar a lo desconocido y la incertidumbre.

TODO PERSONAL, Y NO TANTO

El apego es el resultado de una mente actuando de forma descontrolada, que se identifica rígidamente con una idea, la solidifica y se hace esclava de ella. Esta mente se va a aferrar a situaciones y no se permitirá soltarlas, haciendo de su devenir un constante caos, arrastrando el pasado sin permitirse ver el presente, anulando su capacidad de discernimiento, creando culpas, rencores, obsesiones, pasiones exageradas, instalando emociones negativas en el ambiente, haciéndose daño a sí misma y haciéndole daño al otro. Este apego trabajará con pensamientos repetitivos, instalará ideas restrictivas y generará bloqueos en todos los niveles: psicológicos, emocionales, sexuales, físicos, astrales y mentales. El apego obstruye el flujo de vida y mata. Hace que uno cargue con cosas inútiles y se la pase alimentándolas; que aumente el peso de lo que carga y se entretenga con seguir haciéndolo crecer. El apego estorba y afecta el libre vivir.

Para poder salir del apego, e incluso evitar la generación de apegos, es necesario que la mente viva presente, que trabaje en los modos de actuar de concentración y anihilación mental, a medida que se trabaja también la mente inestable, el intelecto, el subconsciente y el ego. Si hay un apego ya generado, será necesario primero reconocerlo y, una vez hecho el reconocimiento, cultivar la sagrada indiferencia. La sagrada indiferencia será el resultado de darle espacio a la mente, *desidentificar* el ego del apego al que se encuentra aferrado, ponerle objetivos útiles a la mente y colocar la atención en decidir direcciones y organizar. Al colocar la mente en lo útil, como contrapartida, dejará de prestarle atención a lo inútil; cultivará la sagrada indiferencia sobre ello, lo que hará desinflar las emociones encontradas al respecto del objeto del apego y del apego mismo.

Luego, una vez liberada del apego, será útil volver a la sombra a investigar cuál fue el motivo que lo causó, qué memoria hay guardada en el subconsciente que estaba queriendo salir a la luz y ser reconocida. Porque si hay un apego, si uno tuvo la capacidad de escapar de sí mismo y colocar su atención en algo externo, identificarse con ello y crear un gran problema, es que justo allí había algo (no en el objeto del deseo, sino en el deseo mismo).

DON'T WORRY, BE HAPPY

Cuenta la historia que había dos amigos discutiendo sobre sus respectivas perspectivas del mundo. Uno veía al mundo como un espacio amplio, aireado, luminoso y sutil; el otro, como un espacio cerrado, pesado, oscuro y denso. Se encontraban en la calle discutiendo a los gritos; cada uno daba una gran lista de argumentos a favor de su perspectiva y cada argumento sonaba válido.

La discusión se detuvo en el momento en que un niño pasó junto a ellos y los oyó discutir. El niño les dijo que cada uno hablaba de acuerdo con cómo tenía el cuerpo: que el que veía al mundo como un espacio amplio, aireado, luminoso y sutil, colocaba la cabeza mirando hacia el cielo mientras hablaba; mientras que el que lo consideraba un espacio cerrado, pesado, oscuro y denso, bajaba la cabeza hacia la tierra mientras disertaba. Ambos se quedaron en silencio frente a estas palabras del niño. Entonces el niño continuó; les dijo que ambos estaban en lo cierto, pero que ninguna de las verdades era absoluta, que cada uno percibía una parte de la totalidad.

Ambos mantuvieron el silencio durante un periodo más y luego le dijeron al niño que se retirara, que estaban en una conversación de adultos, y continuaron su discusión.

No dejemos pasar por alto, mientras trabajamos la mente y la entrenamos para que sea una gran herramienta, mientras nos adentramos en su oscuridad para reconocer lo que no estamos reconociendo, mientras nos separamos de ella para ser el testigo silencioso que la controla, y desarrollamos nuestros poderes; que es útil también incorporar el lado positivo.

Tenemos la capacidad de elegir voluntariamente qué polaridad le vamos a dar a cada uno de los pensamientos. Se puede decidir, con el intelecto, si vemos las situaciones como positivas, negativas o neutrales. Mientras el trabajo de la vía del medio es fuente de conocimiento —la vista neutra—, la perspectiva positiva nos va a alegrar y hacer el viaje más entretenido. Si podemos elegir cómo vamos a ver cada instante, si podemos encontrar infinitos puntos de vista alrededor del mismo punto, será útil instalar el lado positivo como la opción a la que podemos recurrir cada vez que queremos alegrarnos. Es más, es la polaridad que representa al amor, la que nos permite transgredir, expandirnos, crecer y evolucionar. Si todo no está ni bien ni mal, sino que todo es como es, podemos tomarnos las cosas para bien. Sea lo que sea. Si nuestro pensamiento, palabras y actos generan una red de causalidades y reacciones en el universo que determinan nuestro devenir, podemos proponernos cosas que nos hagan bien y que le hagan bien al mundo. Si uno puede jugar a poner esa flexibilidad mental y probar distintos puntos de vista, entonces se puede elegir concientemente un punto de vista que nos haga bien y que le haga bien al otro. Algo que tenga que ver con un contentamiento a toda situación. Se puede, sobre cada situación.

Si las cosas no son absolutas, con una connotación, sino que pueden ser positivas, negativas, neutras, podemos elegir conscientemente con qué polaridad cargarlas. Si lo podemos hacer, podemos buscarle el lado positivo a casa cosa. Se trata de salirse del único y rígido punto de vista, para ver otras opciones, buscarles el lado positivo.

Quizá eso nos lleve a autosugestiones positivas: afirmaciones que nos hacen bien. Si el universo oye todo lo que decimos, pensamos y hacemos, entonces podremos utilizarlo en nuestro favor y enviar cosas que nos sean útiles. Pueden levantarse y decirse algo bonito; comenzarán el día acompañados por una sonrisa; pueden colocar afirmaciones en papeles en los bolsillos, carpetas, billeteras, vehículos, casas, muebles. Se preparan una autorización y sugestión: «Yo puedo, soy capaz, soy digno, me autorizo». Al tomar decisiones, se conectarán con el lado positivo de cada decisión. Al trabajar, se conectarán con la dignidad de obrar. Al dialogar, se conectarán con la dignidad de compartir. Al alimentarse, se conectarán con la belleza del alimento y lo sagrado del ritual que les está ofreciendo la materia para sostenerse. Digieran, toquen su estómago y bendigan el proceso que está realizando el gran laboratorio. Cuando llegue la noche, dúchense, obsérvense frente al espejo, desnudos, y reconéctense con sus cuerpos. Hagan un balance de lo vivido en el día, y busquen el lado positivo de cada circunstancia. Autoobsérvense y, además de evaluarse y trabajar consigo mismos, terminen el balance con un aspecto positivo. Acuéstense y bendigan la cama y el sueño.

Se trata de utilizar el poder de la mente para mejorar, para escoger voluntariamente lo que nos hace bien y disfrutar nuestro paso por el mundo. Esta actividad nos coloca en una frecuencia positiva, suma ideas constructivas, expande la mente, ayuda el trabajo del autoconocimiento y sana el cuerpo.

Podemos tomar la actitud mental de «Por algo será», buscando tomar lo mejor de cada circunstancia, mientras funcionamos positivamente. Pueden ver que todo es para bien, pueden buscar la forma consciente de encontrar contentamiento, de descubrir razones para satisfacernos con todo lo que va sucediendo, de valorar la vida, nuestra vida y la vida del otro, de reconectarse con la dignidad de estar vivos.

Más allá de la mente

POR ALGO SERÁ

Todo por algo será. Ese *por algo* quizá sea el encuentro de todo lo sucedido antes, con lo presente, más lo que dicte el misterio. Sea como sea, que sea. En vez de definir e interpretar poniéndole nombres, es útil ser el testigo silencioso de los acontecimientos, sin ejecutar juicios al respecto.

Si existe un momento en que me atreva a hacer un balance de todo lo sucedido, será en la última inhalación de aire previa a la llegada de la muerte. Aun así, dudo que me atreva a hacer un juicio en aquel momento; porque incluso entonces seguiría presente la incertidumbre, lo desconocido y el misterio que actúan. No sé qué vendrá a continuación; por tanto, tampoco puedo saber exactamente para qué ha sucedido lo acontecido previamente. Por algo será, todo por algo será, e incluso para algo será.

La mente descontrolada irá definiendo al mundo y definiendo a su *ser esencial*; irá poniéndole nombre a los acontecimientos como «buenos», «malos», «éxitos», «fracasos», «buena suerte», «mala suerte», «tragedias», y una gran lista de etcéteras. Estas opiniones a favor y en contra no resultan útiles, no son reproductivas y no aportan.

Hay una inteligencia superior que está trabajando a través de nosotros. La mente no puede llegar a todo; el pensamiento se disuelve en el presente, la mente no sabe actuar frente al misterio, el infinito y lo desconocido. Resulta útil entregar parte del avance al misterio, no intentar explicar todo, o buscarle a todo una razón. Hay zonas a las que la mente no llega; zonas que pueden superar lo que la mente ve insuperable, zonas que pueden ver la salida donde la mente no la ve. La clave en este trabajo es no desesperar. Porque mientras la vida sigue somos todo posibilidades. No desesperar. Porque, sea lo que sea, todo pasa.

Hay espíritus haciendo fila por miles de millones de años, esperando su turno para encarnar. Estar vivo es un milagro divino, es una suerte inigualable, es un derecho, un merecimiento precioso.

También podemos verlo desde el lado científico: una eyaculación promedio contiene trescientos millones de espermatozoides; la probabilidad media de ganar la lotería es de una en cinco millones; es entonces que tenemos más probabilidades de ganar cincuenta y nueve veces seguidas la lotería que de nacer una sola vez.

Vivir es un milagro divino, es una gran oportunidad, es maravilloso, y si estamos aquí es porque podemos y nos merecemos estar aquí. Si estamos vivos, es porque tenemos la capacidad de vivir en plenitud, de evolucionar, de desarrollarnos, de cambiar, de crecer, de experimentar una vida de salud, dicha y alegría.

TODO PASA

Te diré algo que destruye construcciones, alivia corazones, abandona excitaciones y nos libera de tragedias: todo pasa. Es una condición innata de la manifestación. Todo lo que sucede es temporal, todo lo que hay es efímero, lo que permanece es nuestro *ser esencial*, el que vive a través de nuestro cuerpo y que está más allá de la materia sutil y la materia densa. Todo pasa. Cuando no se ve la salida es útil recordarlo: todo pasa. Cuando se está metido en un sufrimiento y aún no se sabe cómo trabajarlo, todo pasa. Cuando se descubren injusticias y el mundo parece imposible, todo pasa. Cuando la vida presenta adversidades y desafíos, todo pasa.

Hay quienes saben sobrevivir a los fracasos, pero luego no saben cómo sobrevivir a los éxitos. Porque se quedan aferrados a la situación pasada, apegados descontroladamente, sin aceptar que incluso eso va a pasar. Todo lo que vemos es *impermanente*. Si está manifestado, no puede permanecer por siempre, porque todo lo que nace muere. Si está acá, sea lo que sea, si nació de alguna forma, de otra forma pasará. Los problemas pasan, las tragedias pasan, los éxitos pasan, las emociones pasan, los fracasos pasan, las relaciones pasan, la vida misma pasa. La vida fluye, es permanentemente dinámica, en constante cambio entre su comienzo (el nacimiento) y su fin (la muerte). Y este comienzo y este fin, son puentes que funcionan entre lo desconocido y la vida (el nacimiento) y entre la vida y lo desconocido (la muerte). En medio, la vida en constante transformación. Todo pasa. Todo cambia. Nada permanece.

¿VERDAD O MENTIRA?

No sabemos bien qué es real y qué no lo es, si todo esto es mentira o no. Sabemos que si está manifestado, cumple las tres facetas de la manifestación: creación, manutención y destrucción. Desde las células hasta las galaxias. Percibimos a través de nuestra mente y vivimos a través de la proyección mental. Entonces todo podría ser interpretado como ilusiones. Sin embargo, cuando se recibe un golpe, se siente. Tenemos la capacidad de sentir; lo que pone en duda el sueño y lo hace más vivido. Algo está sucediendo. Algo más grande que nosotros nos está experimentando. Mientras, venimos equipados con la capacidad de pensar, de sentir, de necesitar, de desear y de educar nuestra mente para tener un mayor manejo de nuestro devenir. Si llamamos verdad a lo permanente y mentira a lo *impermanente*, entonces será todo esto una mentira. Si la realidad es eterna, absoluta, infinita y total, entonces todo esto será una extensión efímera de esa realidad.

TÍTERES DE UNA DANZA BENDITA

Creemos que controlamos mucho, y quizá no sea tanto lo que podemos dominar. Si hacemos un gran trabajo de entrenamiento mental, podremos manejar las vestimentas del alma, elegir exactamente lo que pensamos, lo que decimos y lo que hacemos. Y eso nos cambiará rotundamente la experiencia que tenemos en vida. Sin embargo, y aun así, eso es una pequeñísima parte de todo lo que está sucediendo. El misterio está trabajando a través de todos nosotros y se está encargando de casi todo. Esta inteligencia superior que nos atraviesa controla la mayor parte de las cosas que suceden. Si observan el funcionamiento de su cuerpo, el de su sexualidad, el de sus emociones, el de su mente, el del mundo, el del planeta, el de las galaxias y el del universo, pueden ver que hay algo mayor que está haciendo el trabajo por nosotros. No sabemos cómo lo está haciendo, por qué lo está haciendo, para qué lo está haciendo, pero lo está haciendo. La vida está sucediendo. Lo que podemos, mientras sucede, es dar lo mejor de nosotros mismos. Trabajar en conocernos a nosotros mismos, descubrirnos y domar nuestros poderes. Sin embargo, y aun así, habrá un mecanismo sagrado ocupándose de la mayor parte por nosotros.

Un hombre va manejando un vehículo por la ruta. De repente, se sorprende al descubrir que a veces cuando gira a la derecha, el automóvil gira a la izquierda. Otras veces gira a la izquierda y el automóvil lo hace a la derecha. Algunas veces, el vehículo le hace caso, otras veces, no tanto. Súbitamente, intenta frenar y el automóvil acelera. Luego, intenta acelerar y el automóvil se detiene. Mira hacia los costados y ve a muchas otras personas en la misma situación que él sobre sus vehículos; a algunos se los ve con rostro de preocupación, otros van gritando y pataleando, otros lloran, otros piden auxilio. Entonces se le ocurre mirar hacia abajo y descubre que cada uno de los automóviles va encima de un camión que transporta vehículos.

Quizá por la vida vayamos de alguna forma así, creyendo que controlamos mucho cuando no controlamos tanto. Es muy poco lo que está bajo nuestro control, y si podemos controlar esa pequeña parte, podremos disfrutar del viaje.

Será útil en este trabajo renunciar a las resistencias, abandonar los bloqueos psicológicos y emocionales, y entregarnos a lo divino. Entregar lo que no podemos resolver, lo que nos preocupa, lo que no entendemos, lo que nos hace mal, lo que tenemos y no queremos, lo que esperamos, lo que nos angustia, lo que nos frustra, lo que nos desconcierta, lo que nos desespera. Entregarnos completamente y dejar de cargar con la responsabilidad de absolutamente todo lo que nos sucede.

HACIENDO POSIBLE LO IMPOSIBLE

Si hay algo que creen que no pueden lograr, vuelvan a observarlo. Son muy pocas las cosas que no se pueden llevar a cabo y son varias las excusas que se ponen para no hacerlo.

Nuestra esencia, la que nos ha manifestado, incluye todo lo revelado. Por tanto, somos la manifestación de las infinitas posibilidades. Claro que al nacer tomamos un cuerpo y nos damos una forma, cumplimos ciertas leyes y venimos con ciertas condiciones. Sin embargo, nuestra raíz es el infinito. En nosotros se encuentra la totalidad en potencia.

Que diga esto no implica que ahora al asomarse a la ventana, puedan salir volando. Hay ciertas leyes que se cumplen mientras las manifestemos a nivel global y las proyectemos entre todos con nuestra mente. Sin embargo, pueden hacer gran parte de lo que creen que no son capaces. Gran parte de lo que creen que es imposible es posible. Todo lo posible comenzó imposible y todo lo difícil deja de serlo cuando se hace. Si observan los elementos que los rodean en este instante, descubrirán una gran cantidad de invenciones que, si se las mencionáramos a alguien de cinco mil años atrás, no las creería. Estamos rodeados por lo que alguna vez fue visto como imposible. Imagínense contarle a alguien de hace cinco mil años atrás sobre el papel, el lápiz, las motocicletas, el ordenador, los teléfonos, los móviles, y una gran lista de etcéteras. Los vería como brujos, magos o extraterrestres. Todo lo que ahora parece evidente, alguna vez no lo fue así. Todo lo que ahora les parece imposible, será posible una vez que se haga.

Mientras estamos vivos somos todo potencia, toda posibilidad de cambio y de acción. Todo aquello que parece imposible es posible si se hace. Al imaginarlo, ya comenzamos a crearlo. Este gran poder que vive en nosotros nos permite acceder a las infinitas posibilidades —a través de la mente inestable— para darles acción —a través de la decisión del intelecto— y ejecutar cosas que pueden creerse inocentemente como imposibles —a través de una idea restrictiva alojada en el subconsciente y un ego identificado con ella—. Que no lo veamos no quiere decir que no exista. Nuestra visión es capaz de limitar las posibilidades, pero la vida misma no se limita.

MAESTROS DEL DESTINO

Mientras uno da lo mejor de sí mismo a cada instante, hay cosas que son inevitables. El futuro, lo desconocido, lo incierto, dirá lo que el misterio debe decirnos. Lo inevitable actúa como el peso del presente que se planta en nosotros y nos ofrece lo que el mundo tiene para darnos. Mientras ejecutamos nuestros actos, seguimos parados sobre el mundo. Aunque vivamos en distintas dimensiones en forma simultánea, cuando estamos despiertos, aquí estamos, y cuando estamos dormidos, estamos en otro sitio sin perder este. Mientras llevamos nuestra vida, la vida nos va llevando. Mientras controlamos nuestros actos, los actos del universo nos controlan. El mundo es como es. La cara visible es lo que percibimos; la cara invisible es lo que, si nos atrevemos, vamos descubriendo. Luchar contra nosotros mismos no nos hará disfrutarnos. Confiar en que el proceso natural se hace bendición y dicha, mientras experimentamos nuestro paso por este mundo. Las cosas son como son, el árbol es árbol, el aire es aire, el mundo es mundo, las estrellas son estrellas. Aceptándonos nos aceptamos en el mundo.

CONÓCETE A TI MISMO

> *«Definir con palabras la respuesta a la pregunta ¿Quién soy yo? es imposible. Lo más cercano a realizar, es decir, Sat-Chit-Anada, tres palabras en sánscrito que significan "ser-conciencia-dicha". Más allá de todo lo que no es, se encuentra lo que es, el verdadero ser. Más allá de toda ilusión, se encuentra la conciencia. Más allá de todo sufrimiento, se encuentra la dicha. Ser la existencia, el conocimiento y la bendición.»*[10]

No sabemos siquiera quiénes somos. Si nos quitamos las definiciones que nos ponemos, si trabajamos todas las partes de la mente y sus modos de operar, lo que nos queda se vuelve indefinible. Podemos acercarnos, diciendo que lo que somos existe, lo que somos tiene la capacidad de tomar consciencia del *sí mismo* y lo que somos está cubierto de dicha. Eso nos puede acercar bastante a nuestro verdadero nombre; aun así el nombre en sí mismo se vuelve impronunciable.

---

[10] Leandro Taub, *Santo Diablo, op. cit.*

CAPÍTULO 10

Entrega

ENTRE EL CIELO Y EL INFIERNO

El discípulo se acercó a su maestro y le pidió que le dijera cuál era la diferencia entre el cielo y el infierno. El maestro le contestó.

—En el infierno, veo grandes montañas, en medio de las montañas veo un gran bosque, en medio del bosque veo un gran prado, en medio del prado veo un enorme tazón con una montaña de arroz, alrededor de este tazón hay millones de personas con palitos chinos de cinco metros intentando comer el arroz, pero no pueden porque el largo del palito chino no les permite meterse el arroz en la boca.

—En el cielo, veo grandes montañas, en medio de las montañas veo un gran bosque, en medio del bosque veo un gran prado, en medio del prado veo un enorme tazón con una montaña de arroz, alrededor de este tazón hay millones de personas con palitos chinos de cinco metros dándose de comer unos a los otros.[11]

Lo que hacemos por nosotros es lo que hacemos por el mundo. Lo que hacemos por el mundo es lo que hacemos por nosotros. Uno no *es* sin el otro.

---

[11] Cuento escrito por Leandro Taub, basado en relatos clásicos de tradición oral.

EL PODER DE LA MENTIRA

Hay dos enfermos terminales recostados en las camas de un hospital. Uno tiene su cama junto a la ventana y el otro junto a la puerta del pasillo. El que tiene la cama junto a la ventana le relata al otro las aventuras de lo que observa desde allí; le detalla el paisaje que se ve a lo lejos, la ciudad en pleno movimiento, los edificios y sus colores, los grafitis que hacen algunos muchachos sobre una muralla a lo lejos, la forma en que se ubican los vehículos en el estacionamiento del hospital, el ritmo cambiante de los semáforos en las avenidas que se parece al ritmo de una melodía de Beethoven, la forma de andar de la gente que camina por las veredas y todas las historias que ve diariamente. Hasta que un día muere.

Unos días después del fallecimiento, el que tenía la cama junto a la puerta les pide a los enfermeros que lo pasen a la cama junto a la ventana, ya que le gustaría ver el paisaje y seguir disfrutando de las aventuras que su compañero le relataba. Los enfermeros hacen lo que el paciente pide. Al llegar a la nueva cama, descubre que la ventana da contra la pared del pulmón del edificio.[12]

Porque todo sea así no quiere decir que lo debamos leer así. Viviremos lo que proyectemos y de acuerdo con cómo lo proyectemos y cómo tomemos esa proyección. Hay mentiras útiles, que nos alegran la vida. Tal vez no fuera la pared lo que relataba el paciente desde su cama, pero su cuento era útil. Hay emociones verdaderas ante hechos falsos, y si la emoción es verdadera, deja de importar la vera-

---

[12] Cuento escrito por Leandro Taub, basado en relatos clásicos de tradición oral.

cidad del hecho que la produce, ya es incorporado como experiencia vital. Esto no quiere decir que porque uno sienta de determinada manera, el mundo sentirá lo mismo, pero si yo lo siento así, mi mundo será así. No sabemos aún qué es real y qué no, lo que sabemos es lo que pudimos entender y sentir. Eso hizo real nuestra experiencia vital. Y aunque sea efímero, pase, y no deje rastros, la aventura valió. Quizá la vida tenga un sentido y no sea tan caótica como parece; vivir más tiempo, en mejores condiciones, evolucionar, reproducirnos, y fundamentalmente disfrutar del viaje mientras vivimos y le descubrimos a la vida su sentido. Resulta útil preguntarnos si lo que hacemos va con el sentido de la vida, y si hay alguna señal, atrevernos a seguirla. Todo es y se hace sagrado en el camino.

NO HAY OTRA COSA QUE NO SEAS TÚ

Te pueden contar lo que hicieron y lo que no. Sin embargo, el camino del otro nunca va a ser tu camino. Lo que pueden hacer es contarte las vivencias, lo poco que pudieron rescatar desde las palabras, sobre ellas. Cada uno hace su camino. Tu mejor maestro será tu último maestro, porque va a llevarte hasta el límite de desaparecer para que tú te conviertas en tu propio guía. ¿Qué importa lo que te pueden decir? Si te tomas fuerte de esto, vas a decepcionarte de mí, porque voy a venir dentro de un tiempo a proponerte algo nuevo o porque tú avanzarás más allá de esto. Mientras vamos descubriéndonos, mientras vamos revelando quiénes somos, sigue la aventura. Si te cuentan el secreto, el truco de magia pierde su gracia. Si te cuentan el final de la historia, la aventura pierde su encanto. No se trata de que te lleven de la mano y te resuelvan todo. No se trata de que te mastiquen la comida y te la den con cuchara. Mientras nos vamos descubriendo, cada uno hace su camino. Y mientras nos descubrimos, es útil no desesperar. Que nos encontremos aquí, experimentando la vida, con la capacidad de descubrirnos, es un milagro divino.

Un hombre ve en una feria a un mago realizando unos trucos de magia milagrosos. Después del show se acerca al mago y le pregunta cómo hace esos trucos de magia que parecen milagros. El mago le contesta que no hay truco, son simplemente milagros.

—¿Quién te crees que eres? ¿Acaso te crees dios, que puedes hacer milagros? —le dice el hombre al mago.

—Sí —contesta el mago.

—¡Si tú eres dios, entonces yo también soy dios! —grita enojado el hombre.

—Así es… —contesta el mago—, la diferencia es que yo lo sé y tú no.[13]

LO QUE TEMES OCULTA AQUELLO QUE DESEAS

Cuenta la historia que un hombre muy rico, en su último tiempo de vida, se dedicó a regalar y gastar todo el dinero que tenía. Un día uno de sus amigos se le acercó y le preguntó por qué estaba haciendo eso, y si no pensaba en sus hijos. El hombre le contestó que sí, que por ellos era por lo que gastaría todo su dinero antes de morir.

---

[13] Cuento escrito por Leandro Taub, basado en relatos clásicos de tradición oral.

En esta vida que experimentamos entre el nacimiento y la muerte, nos han ofrecido dos poderosas y útiles herramientas: el amor y el temor. El temor está ahí, no solo para ayudarnos a proteger, gestar, establecernos y equilibrarnos, sino también para indicarnos aquello que estamos deseando. Cada uno teme algo distinto. Cada uno teme aquello que desea. Una vez reconocido nuestro deseo, podemos acceder a nuestra otra útil herramienta, quien nos potenciará y ayudará a atrevernos a lograrlo, el amor.

—¿Cómo hiciste eso que era imposible de hacer?
—No sabía que era imposible.

Para más información,
puedes seguir al autor, Leandro Taub,
en su página web:

www.leandrotaub.com